親師SOS

寫給父母、老師的20個教養創新提案

網路超人氣老ㄙㄨ老師　蘇明進　著

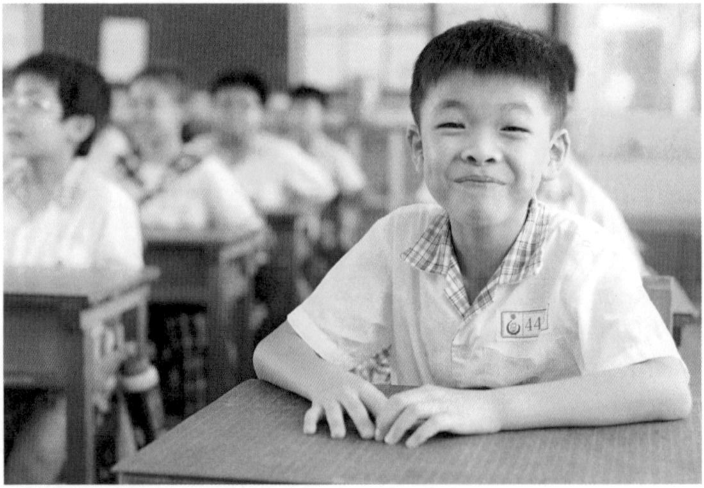

我要飛!

願希望教室的花朵遍地綻放

／王超群

蘇明進老師與馬來西亞非常有緣。二〇〇九年和二〇一〇年，教總出版了蘇老師的兩本大馬簡體版著作《希望教室》和《讓孩子的潛能大大發光》。書內有關創意教學的實戰經驗和案例，讓大馬的老師和家長推崇備至，至今仍是教總的長銷書。後來，蘇老師受邀前來大馬現身說法，和老師們分享創意教學及教學理念，深受歡迎。

「希望教室」的熱潮並沒有因蘇老師回台後而停止。蘇老師非常用心，長期義務為教總《孩子》雙月刊撰寫專欄，保持分享教學的熱度。拜網路所賜，他也透過部落格和臉書與大馬教師們交流。最近，蘇老師更設立了「馬來西亞與臺灣跨國課程設計社群」，與同道互相切磋教學方法。

二〇一三年，教總獲得親子天下授權出版《親師ＳＯＳ》的大馬簡體版，同時也再次邀請蘇老師到大馬巡迴講學，相信屆時肯定會在大馬再度掀起「希望教室」的熱潮。

以學生為教育的主體

蘇老師對教學有著無比的熱忱與積極心態，不僅長期站在教育最前線教書育人，更通過部落格、專欄、寫書，以及演講傳達教學理念，影響的層面不僅僅局限於校內學生們，更擴展至台灣和海外的老師父母們。

這幾年，有大馬老師回饋運用了蘇老師的教學方法後，看到了學生的進步與改變；相反的，也有老師反映，要在大馬的應試教育制度裡推行蘇老師的創意教學法，是萬萬行不通的。教育工作者各有本身的人格特質，教學風格也因人而異。「窮則變，變則通」，教育工作者需要選擇和創造最適合自己的教學方法，但最重要是不要忽略「以學生為主體」的教育本質，就像蘇老師所強調的：「老師們教了多少學科知識、實施了什麼教學方法，倒不是那麼重要；最重要的，正是當老師一心一意想要孩子更好的那份心意！那是一種為了孩子願意做更多、為了孩子永不放棄的執著，才是『希望教室』的精神！」

絕不輕言放棄任何一個學生

閱讀蘇老師的文章，字裡行間都是他對學生的珍惜與重視，他不輕言放棄每個學生，想盡辦法通過各種方法教導與感化學生，點燃了學生內心真善美的火把，令人動容。這也是教總極力推薦蘇老師著作的原因。我們希望藉由蘇老師這份對教育的熱忱與堅持，能夠感染以及影響更多的教育工作者，也期待有更多像蘇明進老師這樣願意珍惜學生、無私奉獻的教育工作者。

在這本新書裡，蘇老師不但為教育工作者提供許多教學上具體可行的方案，他也根據多年來接觸學生家長的經驗，為家長釐清教養迷思並給予建議，協助孩子面對行為問題與學習難關，非常值得大家參考。

誠如蘇老師在書內所言：「孩子就像嫩綠的幼苗，應該在自由的空氣、和煦的陽光、與充滿著愛的環境長大。在親師之間和諧的氣氛中，在親師共同溫柔的堅持下，孩子的行為問題才能有效得到改善。」無論是父母還是老師，期許我們共同為開創一個真正符合孩子身心健全發展的教育環境而努力，讓「希望教室」、「希望家庭」的花朵在台灣、馬來西亞及海外各地綻放美麗。

（作者為馬來西亞華校教師會總會主席）

目錄 Contents

推薦序 願希望教室的花朵遍地綻放／王超群　7

作者序 用新思維重新看待孩子的問題　13

Part 1 老師看這裡

01 教孩子學著做計畫 ………… 18
02 上課不無聊的五大法寶 ………… 30
03 營造溫馨的親師座談會 ………… 40
04 教室在窗外 ………… 50
05 給新手老師的十個建議 ………… 60
06 創意教學撇步大公開 ………… 68
07 如何帶領班級讀書會？ ………… 82
08 零體罰，老師怎麼教學生？ ………… 90
09 和學生搏感情 ………… 98
10 克服數學恐懼感 ………… 110
11 作業缺交大作戰 ………… 120
12 營造融洽的班級氣氛 ………… 128
13 找回「叛逆孩子」善良的心 ………… 136

Part 2 爸媽請注意

14 和爸媽的十個約定 …… 146

15 自助旅行，讓孩子成長的有效方法 …… 164

16 找對方法，數學不可怕 …… 174

17 三道考驗磨出好習慣 …… 182

18 幼童軍的笑容點醒我的夢 …… 190

19 讓孩子對自己的錯誤負責 …… 198

20 留給孩子童年的歡笑聲 …… 208

用新思維重新看待孩子的問題

不知從什麼時候開始，我的信箱、部落格裡，常出現不少老師或家長的發問信；有的焦急、有的無奈、有的迫在眉睫……尤其是在開了「親師ＳＯＳ」專欄之後更是如此。每一封信裡頭，都娓娓道來一次又一次的嚴重對立，令人十分不捨。

前一陣子，一位剛出來教書的新手老師，發出這樣的求救訊號：「班級裡一切都亂成一團，跟心裡想的都完全不同。學生當著我面頂嘴、甩東西，我卻不知該如何回應……。」也有憂心的媽媽，訴說著內心的無助感：「孩子從小二開始學會說謊，我試遍所有我想得到的方法：陪伴、傾聽、一起擬定計畫、鼓勵、提醒，甚至後來打手心、罰寫課文，還是不能改掉這樣的壞習性。我真的非常非常沮喪……。」

最讓我掛心的是這位媽媽，她說：「我是一位單親媽媽，最近我發現女兒竟然養成了偷竊的習慣！我不停問自己：為什麼我沒有滿足孩子？可是，她已經什麼都有了啊！我該怎麼和我唯一的女兒溝通？我是不是教孩子的方式錯了？」

其實，我沒有那麼偉大。每次要回信前，我只能先用力的深呼吸一口氣，再靜靜的思索究竟該如何去幫助這些老師與家長。每個班級、每個家庭的背景都不相同，而每個孩子的個性與特質卻又是如此的獨特，實在是無法用同一個標準，來為這些殷切灼熱的眼神提供最適切的解答。但我也可以想像，這些班級或家庭可能現在正歷經著一場場驚心動魄的大風暴；身處在其中，不管是大人或是孩子，其實都受苦了。

決心改變，一切就不會太遲

身為教學現場第一線的老師，我明白在現代社會當一位老師，真的承受了極大的壓力。這個社會總是為「老師」這份工作訂下極高的道德標準，同時卻用十分嚴苛的眼光來檢視老師。有許多的老師感到焦慮不已、有的老師心裡受傷了，於是他們只能關起教室的門窗，用冷漠築起高高的堡壘。

但是，這些老師內心還是有很大的熱情與夢想，等著被釋放出來。他們迫切需要的是協助，是具體的建議；他們需要的是能找到重新看待孩子問題的新思維，才能享受在如沐春風的師生互動裡。我也發現，很多家長他們所需要的答案，其實都藏在自己的文字裡。

孩子就像是一面鏡子，會映照出我們在教養孩子時的盲點。我們常對孩子說了什麼、做了什麼，或是長久以來對孩子不做什麼、忽略了什麼，都會逐漸形塑成孩子現在這個模樣。只是在原生家庭裡的成員們，每天緊密的生活在一起、複雜情緒全糾結在一起，自然是看不清楚，彼此都被困在走不出的循環裡。

請先放下內心的焦慮。很多和孩子處不好的原因，是因為大人們常不自覺將壓力轉移到孩子身上。也請試著從自己的身上去找問題，以孩子的角度同理他的情緒，如此，很多的問題就能夠迎刃而解。

這就是《親師ＳＯＳ》這本書的由來。雖然它是這些年專欄文章所集結的一本書，雖然這本書裡可能有些方法您都聽過了，但是我很期盼它不只是提供您可實作的方法，而是希望能在字裡行間裡傳達一種訊息：用更貼近孩子的角度，來尋求彼此之間更有效的溝通方法、尋求更親密的情感交流。

親師ＳＯＳ，代表的是一種決心、一種想改變現況的吶喊！只要有改變的決心，不斷的向著自己找問題、向著孩子探尋答案，一切都不會太遲！

Part 1

老師看這裡

01

教孩子學著做計畫

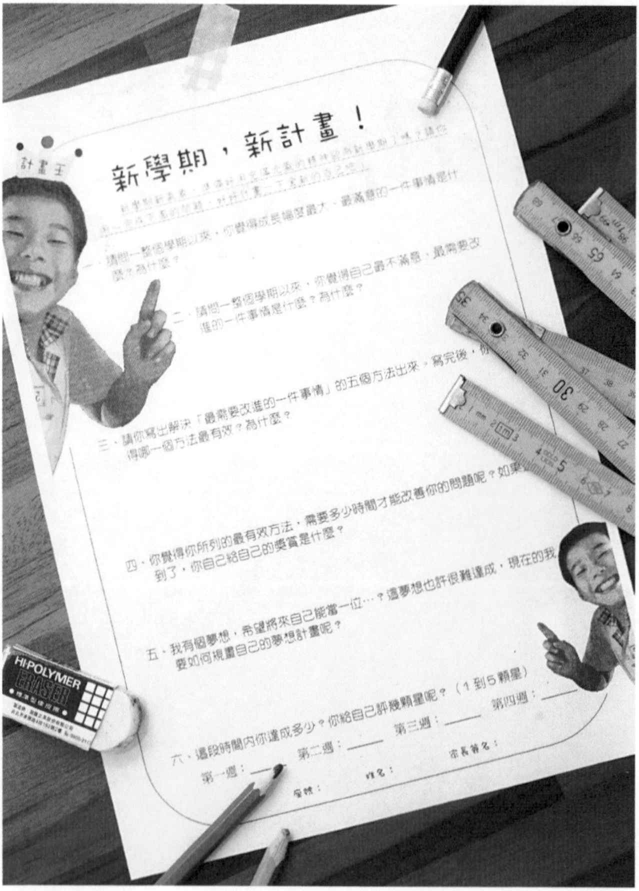
計畫王
新學期，新計畫！
三、請你寫出解決「最需要改進的一件事情」的五個方法出來。寫完後，你覺得哪一個方法最有效？為什麼？
四、你覺得你所列的最有效方法，需要多少時間才能改善你的問題呢？如果做到了，你自己給自己的獎賞是什麼？
五、我有個夢想，希望將來自己能當一位…？這夢想也許很難達成，現在的我要如何規畫自己的夢想計畫呢？
六、這段時間內你達成多少？你給自己評幾顆星呢？（1到5顆星）
第一週：＿＿ 第二週：＿＿ 第三週：＿＿ 第四週：＿＿
HI-POLYMER
ERASER

利用學習單上的六個問題，讓孩子學著檢視自己、自我激勵，為新的開始做好準備跟計畫。

開學的第一天，大家都懷著開心的心情來到學校。翻開孩子珍珠奶茶的聯絡簿，她這麼寫著：「一切又是新的開始，希望我可以把過去的壞習慣都改掉，展現一個全新的自我。」

新年新希望，在這樣春暖花開、充滿活力的學期第一天，的確是該有些全新的改變才行。於是，我發下這一張名為「新學期，新計畫」的學習單（見右頁圖），教孩子們多去認識自己、學習如何做計畫。這是透過書寫的方式，讓孩子得以檢視自己、完成自我激勵的歷程。我順手把上學期的學習單發下去，讓他們回顧文字裡的自己。我接著說：「這一次的學習單跟之前有些不同，重點是老師想讓大家更能面對自己的問題，有計畫的去修正自己的缺點。」

學習單不是發下去就會自動完成，需要老師在一旁長時間的引導，以及不斷與孩子們溝通、釐清，才能真正收到預期的效益。

回顧自己的成長與進步

問題一：請回顧過去一個學期，你覺得自己成長幅度最大、最滿意的一件事情是什麼？

這個問題，是讓學生先肯定自己的成長與進步，才有能量去修正自己。每回，這道問題都讓我看得好感動。因為不管是人際關係有狀況的孩子、成績低落的孩子、甚至是注意力缺陷的孩子，都娓娓道來他們的進步。

例如，自覺人際關係有進步的孩子就說：「一直到現在，我的朋友多了不少，因為我發現之前的我總是不知道如何去交朋友，但是現在我知道了。用心去交朋友後，現在朋友多了，過得很快樂，大家也願意和我做朋友。這是我最幸福的事！」玩心重的孩子則是說：「我的成長是我自己看到的，現在只要老師不在的時候，我都會提醒自己不可以愛玩，要把玩心收起來，要把自己的定性拿出來。這是我覺得跟五年級比起來有進步的地方！」

這些都是平時對他們耳提面命的碎碎唸。看到他們一個個能誠懇寫下自己的進步，當老師最感動的時刻莫過於此時。

新學期，新計畫！

找出阻礙自己進步的原因

問題二：請你回想一整個學期以來，你覺得自己最不滿意、最需要改進的一件事情是什麼？

教孩子學做計畫，就必須要回到源頭：先找出自己的問題，才能訂定一個更符合需求的計畫。班上孩子們平時就有反省的練習，因此每張學習單中皆閃動著真誠的文字，訴說著自己的大問題。

人際關係比較有狀況的孩子會說：「我對自己最不滿意的就是我的脾氣。每次要是我遇到事情，第一時間都用脾氣去解決。這樣事情永遠做不好。而且用脾氣解決事情的話，對自己或大家都不好。這是我的大缺點，就像老師說的，要用智慧解決。」

數學成績一直不夠好的孩子這麼說：「應該是成績吧？因為我心知肚明：不努力就什麼都沒有了。但我不管怎麼讀，永遠都停留在那裡，看人家快快的追過我。非常灰心的我，也一直想追上別人，但每一次都敗在數學。考完試後看見父母的表情，我也很難過。覺得自己快失去信心，難過到谷底了。」

我在孩子們的四周走動，看到他們這麼勇敢的面對自己，我說：「有些人寫的內容觸動了老師的心。其實，你們每一個人都很棒，把那個橫在自己前面那個大問題搬開，你就會變成十分完美的好孩子了！」

找出五個對策，再評估最好的方法

問題三：找出問題，接下來就是為自己想出五個可行的方法來。寫完後，還要再評估一下，哪一項方法對自己最有用。

找出自己的問題就已經夠難了，還要為自己找出五個方法來？大多數孩子搔著頭、努力擠出五個答案來。我四處走動，一邊偷看他們寫的內容、一邊叮嚀：「這些方法，一定要夠具體、要確實能做到才行。像有人寫『要認真讀書』，但要怎麼做才算認真讀書呢？『我要突破自己』會不會太籠統了？什麼樣的行為，才算是突破自己呢？」

我搬了張椅子坐在講台上，邊收學習單邊和他們對談。於是，「要認真讀書」這個方法，孩子回去後自己會修正成「把不會的問題拿出來問會的人」；「我要突破自己」最後變成「多和他人分享生活趣事」；愛與人爭吵的孩子，則寫出「多聆聽別人的對話」這樣有智慧的方法。

小豪最好笑了，玩心重的他想出一個方法是「不要下課」，另一個則是「可以下課玩遊戲，但不要玩得太瘋狂」，他覺得後者是最有效的。

我說：「你說不要玩得太瘋狂，但要如何界定『太瘋狂』呢？」

回到位子後，他想了想回來跟我說：「老師，那我可不可以修改成『可以玩一些靜態的遊戲』？」他的理由好精采，他說：「因為下課時間，大家都可以自由活動。我是覺得可以玩就好，並不用玩太瘋狂。例如有些『CS』、『小瘋子』遊戲，這些都太幼稚了，希望不要再玩了。」

我拍拍他的肩膀，給他一個讚許的笑容。具體、又能實踐的方法，才是對自己最有效的好方法！

訂定實施時間，並自我獎勵

問題四：你覺得你所列的最有效方法，需要多少時間才能改善你的問題呢？如果達到了，你給自己的獎賞是什麼？

有趣的是，多數孩子都寫，「這不是一天、兩天就可以改進的」、「一個月」、「二個月」，甚至有的孩子寫著，「希望能在畢業前完成」。他們都明白，問題不是一朝一夕造成的，好習慣也不是須臾之間就能養成。

有些孩子被我叫回去重寫，因為「可能需要很久」、「需要一生來完成」這樣的說法未免太夢幻了。在訂定計畫時，還是應該要更實際一些才好。

倒是給自己獎勵這件事，真的是難倒他們了。紛紛大叫著：「老師，我不知道要給自己什麼獎勵？」我微笑著說：「若是為了別人的獎勵而把事情做好，那只是為別人而改變；真正的肯定來自於自己內在。做得好時，給自己一點小獎勵，這樣的快樂就能維持很久、很久。」

看完孩子們的回答，我不禁會心一笑，因為好多回答都好有創意、好有意義。愛看書的孩子說要「買一本好書」或「看一本沒時間看的書」來犒賞自己；愛畫畫的孩子則說要「畫一張畫來平穩心情」；有的孩子會「寫一張卡片」、「做一張獎狀」來鼓勵自己；還有孩子說「會打電話和同學聊天，不行的話，就自己跟自己聊天」。這樣的自我獎勵真好，當老師的我也想要得到。

對未來懷抱一個夢想

問題五：希望將來自己能當一位？這夢想也許很難達成，你要如何規劃自己的夢想計畫呢？

擬定好短程的計畫，別忘了讓孩子設立一個遠程的夢想。越早對未來有想法的孩子，才能及早儲備好能量、成為未來所需要的人才。

上學期的學習單，孩子阿鈿困在這題好久。寫完了前面幾題，他突然就開始定格。「老師，我不會寫這一題啦！我沒有夢想！」當時，阿鈿求饒的說。這回，再度看到題目時，他露出會心一笑的表情，接著振筆疾書：「我有一個夢想，就是成為修車人員。因為我從很小的時候就喜歡車子。雖然辛苦、也有點髒，但因為自己喜歡，所以我才會想要學修車。」

反倒是小綸也瞪著這題好久，始終擠不出一個字來。於是我如法泡製，請他坐在我的座位上，把全班收齊的學習單交給他，讓他去瀏覽大家的學習單，看看別人究竟設立了什麼夢想，也想想自己的未來究竟能做什麼？

這樣的過程，其實就是一種很好的學習歷程。觀看別人，也想想自己；別人的好會慢慢進到心裡頭去，發起一顆微亮的幼芽來。

反覆檢核達成的結果

最後在這張學習單裡，我留了幾個空格：「這段時間內你達成多少？你給自己評幾顆星呢？」每隔一週，我就會把學習單發還給孩子，讓他們給最近的自己評分，看看誰每回都能拿到滿分五顆星？

這張學習單，全班總共花去兩節多堂課的時間才完成。每張學習單，都是孩子用真誠話語寫下的心靈感觸，也是師生共同檢討、溝通過的最佳結論。寫完學習單後，我發現孩子們的眼神堅定不少，那動作、話語也多了份穩重與自律。

教孩子學做計畫，需要陪伴與引導。就像小哖在聯絡簿短文裡的回饋：「我很謝謝老師給我寫了那一張學習單，它讓我把平常放在內心深處的話都寫了出來；而且也對自己的優缺點，更深入了解了一些！」此刻教會了他們，未來的他們就懂得計畫自己的生活，也學會尊重自己的人生！

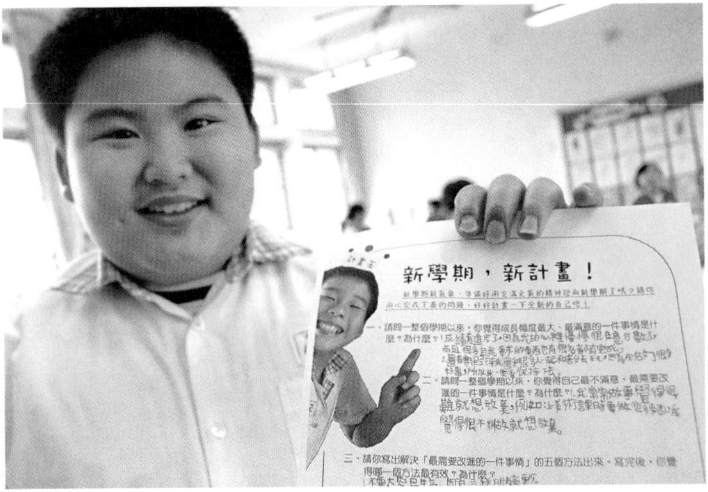
新學期，新計畫！
一、請問一整個學期以來，你覺得成長幅度最大、最滿意的一件事情是什麼？為什麼？
二、請問一整個學期以來，你覺得自己最不滿意、最需要改進的一件事情是什麼？為什麼？
三、請你寫出解決「最需要改進的一件事情」的五個方法出來。寫完後，你覺得哪一個方法最有效？為什麼？

02

上課不無聊的五大法寶

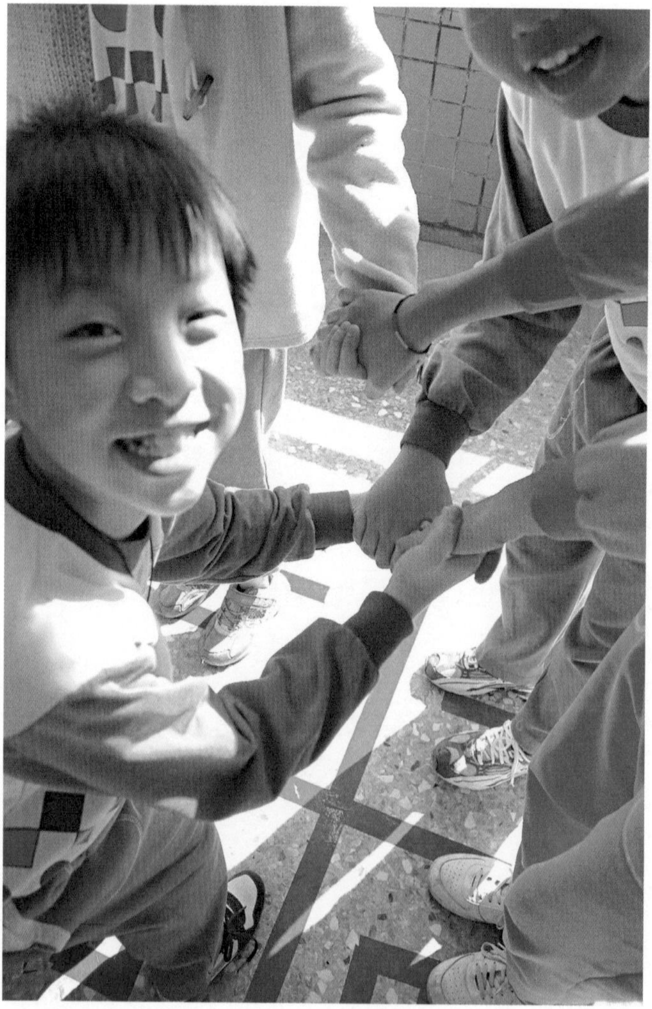

老師賣力講課，學生卻看著窗外、交頭接耳、魂不守舍。如何召回軍心渙散的學生們？老蘇老師分享讓學生眼睛發亮、精神大振的五大教學法寶，透過靜態與動態的遊戲，讓孩子捨不得下課。

大概是大學時一天到晚泡在童軍團裡，這樣的社團經驗影響了我十幾年來的教學信念。所謂「童軍」二字，其實就是「在遊戲中學習，在紀律中成長」，透過遊戲的方式讓學生在愉快的氣氛中學習更多；但也在學習的歷程中，同時嚴格要求孩子們守規矩，建立他們的生活常規與責任感。

所以，我很怕學生上課時托著頭、無精打采的說：「唉，上課好無聊哦……。」我非得把每節課上得生動有趣、抓住他們的目光，心裡才會踏實點。而這當中，「遊戲教學」扮演著極重要的角色。

每種遊戲的實施都有其目的，有的能加強教學效果，有的能增進彼此情感、訓練體力、培養專注力。玩遊戲，應是透過這樣的歷程來讓學生學習更多，而非漫無目的打發時間。老師們心裡應該要清楚拿捏這尺度才好。

我常和一些老師分享我的「救命三招」觀念：老師的口袋裡總要擺著臨時可救

急的幾個法寶，才不會被教學過程中的突發狀況給淹沒了。不過，每個老師的特質和教法不同，因此都應該建立屬於自己的「救命三招」。那麼，我先拋磚引玉，公開我口袋裡的法寶，同時也大致區分這些教學遊戲的功能。您也動動腦，找出自己的「救命三招」，試著讓孩子愛上您的每堂課吧！

法寶一　迅速靜心的遊戲

遊戲不是得玩到汗流浹背、心跳加速，才稱得上是遊戲。有時候，我們希望孩子們能安靜下來、迅速進入學習狀態。這時，玩些靜態遊戲是很不錯的選擇。

方法很簡單，就是請全班孩子閉起眼睛，開始默數一分鐘，自己覺得時間到了的人，就可以蹲下來。有時，第一個和最後一個蹲下的孩子，秒數可以相差到六十秒。當老師宣布最快和最慢蹲下的秒數時，總會惹來大家一陣發笑。

因為是在內心默數、不發出聲音，所以多玩幾次遊戲後，全班都變得安靜無聲。達到了既能「玩好玩的遊戲」，又可以「保持班級常規」的雙贏局面。其他的靜態遊戲，還包括「從十數到一」、「眉目傳情」、「破碎的心」、「聽世界的聲音」……孩子若能保有平穩心境的習慣，將有助於學習的深度。

法寶二 訓練體力的體能遊戲

研究顯示，運動有助於孩子的學習。身體運動的同時，血液含氧量會增加、專注力會提升，學業成績自然也會跟著進步。現在的孩子成天被關在書桌前讀書，鮮少運動。所以一有機會，我就會讓班上孩子玩些大量消耗體力的遊戲，讓他們在舒服的太陽底下跑跑跳跳，把臉蛋曬得紅通通的，也用閃亮的汗水洗去煩悶思緒。

班上孩子最愛玩的體能遊戲就是「章魚王」。每次升完旗，他們都央求我讓他們玩上一輪。遊戲方法很簡單，就是先找兩個人串成一隻章魚，在限定範圍的場地內抓人。凡是抓到一個人，章魚就會接起來變大、觸鬚變長，眼前的小魚們要逃走的困難度就會增加。

不過前提是只有兩側那兩個人可以抓人，中間的人必須手牽手，不可斷掉。章魚王越長，逮到小魚們的範圍就越廣，所以一大堆驚險逃生的鏡頭也就連番上演。小魚們逃得快、體力消耗得多，也就偷偷達到我預設的體能訓練目的啦！

這個遊戲也在訓練他們的團隊默契，以及與他人協調的能力。行動越來越笨拙的章魚王，該如何靈活移動身軀、順利捕抓到小魚果腹呢？有時，他們還會爆笑的把自己圍成一個圈，讓站在一旁拍照的我忍不住哈哈大笑起來。

法寶三　活絡氣氛的暖身遊戲

新接一個班級，或大家仍處於冷漠的狀態中，來個好玩的暖身遊戲，包準讓整個氣氛活絡、全班 high 翻天！

我最愛玩的暖身遊戲就是「一顆蘋果」。先將全班分為三隊，決定好小隊裡的報數順序；

接著老師隨意點一人，被點到的人就要快速跳起，大喊「一顆蘋果」，接著後面那位要馬上跳起來喊「兩顆蘋果」，然後是三顆蘋果、四顆蘋果……連續跳起來報數。若有以下幾種情況就算輸了：下一個人沒有跟上速度，來不及跳起來；口齒不清，台灣國語亂唸一通；沒有默契，前後兩個人同時跳起來；還沒唸完就坐下來；前一個人還沒坐下，自己就站起來了；自己還沒跳起來，就開始報數了。

這遊戲考驗的是彼此的默契，看哪一小隊能輪得最久，哪個小隊就獲勝。我通常會眼睛瞪大、故做緊張的說：「好，現在……一顆蘋果……從……從……小明開始！」接著，就是一連串的蘋果全數跳了起來，像極了爆米花爆開的樣子。

這個遊戲實在太好玩，因為它可以像變形金剛般不斷變化。題目可從「一顆蘋果」改成「一粒榴槤」，當然也可以是「一位大帥哥」，來滿足老師的虛榮心；還可以改成饒舌的「一顆火龍果」；或是超級有難度的「一台五百CC的摩托車」……在台上看著孩子們緊張兮兮、偷偷練習的模樣，就覺得十分好笑。連帶的，冷漠的氛圍消失了，孩子們的臉上則漾出一朵朵燦爛的笑容來。

法寶四　增進情感的團結遊戲

一個班級要有向心力，學習氣氛才會好。有機會的話，儘可能多安排他們與別人合作的機會，學習與人相處、共同解決問題的能力。

我口袋裡團結遊戲的代表作，就是難度極高的「解方程式」。先在地上畫十六個格子，每個格子內再交叉依序填入一至十六的號碼；請孩子們手牽手，一次一個人開始，從一至十六依序走入方格中。過程裡，每個人牽著的手不能分開，必須或繞或跨，想辦法不讓彼此的手打結。最後，整個隊伍若能安全的離開方格區，也等於解開了難題，故名為「解方程式」。

不過這個遊戲真的很難，因為數字彼此是交叉的，也就是他們會互相穿過彼此的領空，手腳也會跟著打結，遊戲隨時都會卡住。前面的同學有前面的問題，後面的人有後面的難題，每個人都閒不得，每個人也都很忙。有時候，遊戲進行了十分鐘，格子還沒走完一半，孩子們紛紛大叫：「啊，我的手要斷啦……老ㄙㄨ，這遊戲好難哦……。」哈，在困難重重，得攪盡腦汁、同心協力把難題解開的過程中，奇怪，我怎麼覺得大家的感情變好了、心靈的距離也變近了？

法寶五　提升教學效果的遊戲

除了上述類別的遊戲外，我們還得回到遊戲的本質——提升孩子的學習成效。所以，若能在制式的教學過程中融入好玩的活動或遊戲型態，就能收到協助教學的極大成效。

例如在數學科，我最愛用的就是「過五關」的競賽方式了。先讓孩子熟練這節課所教的原理與題型，接著，老師開始在黑板上布題，讓孩子們將解題過程寫在小白板上。題目從簡單慢慢進階到較難的題型，共計五題；每答對一題，就像是過了一關。題目由簡單到複雜，除了能培養孩子對數學的自信心，也可以引導孩子將所學內容舉一反三。

每過一關，他們就高興歡呼。最後當我說：「接下來這題最難了，能答對的人就代表你把這個單元都學會了……。」孩子們總會信心滿滿、躍躍欲試的回答：「好，我不怕！」

當然，我們也可以運用遊戲的方式來進行複習與評量。例如，將某一科的內容設計成一份「大富翁」的表格，由各組出來擲大骰子，走到哪一格就要回答出上面的問題；回答不出來，就要進入「機會」或「命運」。有路上踩到狗大便、退回原點的「命運」，也有因拾金不昧而前進兩格的「機會」。全班進行這種遊戲，不僅讓孩子們專心投入學習，老師也可偷偷達到講解大意、記憶理解、複習評量……等教學目標。

231 +
126 = ?

03

營造溫馨的親師座談會

老師、家長面面相覷，陌生中尷尬的笑，教室裡瀰漫著些許緊張的氣氛。如何辦一場讓家長噴淚、懊惱錯過的親師座談會？老蘇傳授三個「足感心」祕訣，讓親師座談會笑中帶淚、感動到最高點。

最近，一位舊同事到學校來，想請教一些班級經營的方法。多年擔任科任老師工作的她，今年被學校指派要去帶高年級的新班級，這讓她有點緊張。面對新學期即將到來的親師座談會，更顯得惶惶不安。

親師座談會的用意，是讓老師和家長在開學時，針對孩子的學習狀況進行意見交流。老師可以藉由這次機會暢談教育理念，家長也可以和老師溝通孩子的學習需求，並與其他家長交換彼此的教養觀念。原本這是一大利多的溝通平台，但在親師對立日漸升高的現今，親師座談會的現場氣氛往往都有些緊張。

我很不喜歡這般氣氛的親師座談會，我希望，每一次的親師座談會都可以是充滿溫暖感動與學習情境的聚會。因此我會動一點腦筋，刻意安排親子互動的小活動。在此和大家一起分享這些充滿溫馨效果的祕訣：

舉辦孩子的學習成果展

在等待所有家長蒞臨親師座談會前，我會邀請已經抵達的家長們先在教室裡欣賞孩子的學習成果展。有別於以往都是由老師規劃、展示的優良作業展，我會請孩子們自行布置屬於他們的學習成果區。

將桌椅沿著教室周圍拼起，就是一組又一組的展覽區，每個孩子都能在自己的小小天地裡呈現最近的學習成果。我會提早請大家準備，所以孩子們布置的學習成果可說是五花八門，包括寒暑假作業、數學筆記、自然筆記、聯絡簿短文創作，以及自我進修的作業……一股腦的全都擺了出來。有些認真的孩子還嫌位置不夠，央求老師多賞他一點空間呢！

這樣的規劃是有其用意的：由孩子自己選擇呈現的內容，可以訓練其自主學習的能力；讓孩子能有展現自我學習成果的舞台；讓平時認真完成作業的孩子得到旁人的肯定與增強；相互觀摩之餘，可以刺激做作業較不認真的孩子，明白自己不足之處；讓孩子與家長互動，增進親子關係；家長在參觀的同時，也可思考自己管教輔導孩子的盲點，有助於敦促孩子在家中的學習。

親師座談會之前，我會花一點時間讓孩子去欣賞別人布置的成果。當下就會有不少孩子面露震驚，顯然他們已被其他人超認真的學習態度給嚇壞了。

孩子小琪就說：「今天看了其他人的作業成果展，看到了好多平常感覺比較混的人很認真的一面，才發現真的每個人都有自己的優點……。」孩子們不但會仔細去觀看同學的作品，也會相互分享、討論。這對他們而言，是種新模式的學習，也是檢視自我的最好時機。

在親師座談會的當下，家長們也會互相詢問如何指導孩子學習，以及彼此的教養方式。無形中也達到家長間彼此互動、經驗交流的過程，而我在一旁也樂得輕鬆。有「互動」的親師座談會才是最有意義的座談會，不是嗎？

6615

給爸媽的一封信

我希望特地花時間來到親師座談會的家長，都有「很值得」的感覺；所以，我讓每位孩子寫信給參與親師座談會的爸媽，好給現場的家長一個大驚喜。我說：「這封信是要給來參加的爸媽看的，所以你的文字要充滿感情，最好能讓爸媽當場感動到『噴淚』，明白你是一位懂事的好孩子！」為了讓他們更能表達對父母的感恩心，我們討論了幾項可以在信裡呈現的內容：

一、看完爸媽填寫的問卷後，你的想法……
二、我知道您的期待是……
三、我想對您說的心裡話……
四、我知道爸媽您的辛苦……

每個孩子奮筆疾書，不一會兒功夫，一大張的信紙上，滿滿的都是感性的話語。再將信紙對折，貼上小貼紙，背面寫上「給○○的媽媽（爸爸）」，就是充滿心意的一封信。

我自己偷看了一下孩子寫的信，眼眶也忍不住一陣發酸。這些孩子，明明這麼調皮，但寫起信來怎麼會這麼窩心、這麼感人啊？

例如害羞的孩子牛奶，在信裡是這麼說的：「在數學方面我會加油，讓您看到我的進步，也可以四處跟別人說『我女兒進步了』之類的話，可以讓您很有面子，而不會在別人問您時，不知道怎麼回答……我知道您對我的期許是什麼，就是希望我能快樂、大方。雖然我一直放不開，但我會去試試看，讓您知道，我已經變成快樂、大方的孩子了。」

頑皮的小豪也寫著讓媽媽感動到淚流滿面的文字：「我知道您的期待，就是要讓我成為國手、成為台灣之光，永遠不要變壞。但是在一、二年級時，我總是讓您跟別人的父母親說『對不起』，我很對不起您，所以我永遠不要再變壞了。媽媽我想跟您說：『我不要做壞孩子了，我要成為主將、成為好孩子！』每天清晨您都要去送報紙後再去上班，您真的好辛苦！我長大時，一定要孝順您，希望您收到這封信時可以很開心……。」

看著孩子們寫的信，現場一時之間安靜了下來，家長個個忍不住紅著眼眶、擦著淚，也讓一旁忙著遞面紙的我看了好感動。那眼淚，代表著他們感受到孩子終於長大懂事；也代表著多年來懸掛的操心，終於能微笑放下。

寫給孩子的善行小卡

感動應該是雙向的，所以我也請這些家長在感動之餘，將心情化為文字，寫一張小卡片送給孩子，讓孩子們明天來學校時，在他們個人的善行信箱裡，發現這個大驚喜。

親子交流的橋梁改變了方向，這回是來自於爸爸媽媽們濃濃的愛，與嚴厲背後的溫柔。很多爸媽感性的寫著：「看完你的信，我忍不住哭了，你總是如此的貼心和用心，媽媽真的很高興有你這個女兒。希望你當一個快樂的孩子，走自己想走的路。不需顧慮太多，因為你總是凡事為別人想。記得要當一位『快樂的孩子和有自信的孩子』。」

另一位媽媽則寫著：「我最棒的孩子，你的信我才看了一半，眼淚就快要掉下來了（我強忍住）。我就知道你是一個聰明且貼心的好孩子！其實每個人都會有惰性，你只要克服了這點，你就是最優秀的那位。」

沒有前來參加班親會的家長，我想也應該有機會收到孩子的溫暖心意。所以我們說好，隔天每個人都要把這封「給爸媽的一封信」帶回家去，讓自己的爸媽也感動得一把眼淚一把鼻涕的。

於是，沒有來參加班親會的單親媽媽這麼說：「收到這封信，我就很開心了，其實媽媽賺錢養你本來就是應該的，我希望你能盡力做好自己的本分，能夠成為上帝所喜悅的人就夠了。我想要把這封信好好保存下來。」孩子也說：「這時候，我的眼淚悄悄的流了出來，也許是太久沒聽到這些話，所以感動到哭了。」

害怕來親師座談會被老師告狀的媽媽，也說：「我不知道你會寫得那麼好，早知道昨天我就去參加親師座談會了！」我想，這位媽媽當下一定是感受到孩子的心意，心裡既是感動、又是驕傲。

每回開完親師座談會，我總是迫不及待回家和老婆大人分享這樣的感人畫面；也讓我更確定、更期待下一次親師座談會的到來。我很期盼每一位花了時間來參與座談會的家長，返家時都能帶著滿滿的感動。如此，不僅拉近了父母親和孩子間的關係，也讓師親生三方有了更多對話的可能。

04

教室在窗外

巧遇小蟲子逛大街，孩子是驚聲尖叫還是使出佛山無影腳？對大自然保持友善，其實是種生活態度。老蘇老師教你運用校園生態，帶著孩子進行一場與大自然和好的生命教育！

自從就讀小六的小姪女寄住我們家後，我才發現家裡的廁所原來是一座熱鬧的動物園。

一天到晚她都會急忙的從廁所衝出來，大喊：「啊，有蜘蛛，蜘蛛好可怕，快把牠弄死啦……哇哇哇，有一隻飛蛾在到處亂飛……唉喲，地上有螞蟻在爬啦……姑丈，快來救我，廁所裡有一隻奇怪的蟲……。」

我家位居挑高的九樓，廁所裡還有紗窗，說真的要有小蟲子飛進來當不速之客也算是一件很稀奇的事。回想大學時期，我成天窩在野地裡參加童軍團的露營活動，如果換做是小姪女，她可能會先瘋掉吧！

事實上不只是小姪女怕蟲，我發現很多孩子都是這樣的。他們把自己保護在假想真空室裡，一直擔心被弄髒，而失去了和大自然愉快共處的能力。這件事讓我想起班上的外掃區，曾經遍地爬滿了紅姬緣椿象。班上女生們無不大喊「好噁心」，驚聲尖叫的躲在一旁瑟縮；而男生們則是使出佛山無影腳，比賽看誰踩死最多隻椿象。

這樣的場景讓我忍不住搖頭嘆息，現在的孩子被關在家裡和教室裡太久了，對於我們身處的大自然竟是如此的陌生與害怕。

天大地大，世上處處都是學習的場域，隨處都有值得駐足拜訪的美景。我們可以發現，喜歡和大自然交朋友的孩子，通常具備細心觀察、沉思好問、熱情有創意、樂於冒險犯難等令人激賞的能力。所以，不如趁著春日和煦，帶孩子走出教室，勇敢探索這美麗的世界吧！

很多老師會說：「我也想帶孩子們走出教室去探訪大自然，但是外面那麼多植物和昆蟲，我都不認識，要怎麼上課呢？」也許剛開始我們不太了解這些自然生態，但可以引導孩子們直接用身體感官去接觸大自然，用他們的視覺、嗅覺、味覺、聽覺、觸覺，進行一趟奇幻的大自然探索。

例如，請孩子們去摸摸樹幹的紋路、張開雙手抱抱樹，細細感受那粗糙的樹皮歷經了多少故事；也可以請孩子閉上眼睛，傾聽從耳際流洩而過的風聲、鳥叫、蟬鳴；或是揉揉樟樹、月橘的葉片，讓他們聞聞這特有的香氣，將大自然對待人類的友善記在心裡。

我曾經在升旗後把全班孩子帶到校園邊，請他們躺在草地上，閉上眼睛，用身體、用心去感受大自然與我們的對話，感受陽光從樹葉間灑落在臉上的溫暖，也仔細聆聽萬物所發出的輕巧聲響。剛開始，孩子們都嫌地上髒，嘴裡不斷的抱怨著，慢慢的，全世界彷彿安靜了下來，輕風與浮雲、濃蔭與微風、蟲鳴與鳥叫，全都揉合成心底一幅平靜又明亮的圖像。

孩子小翰說：「老師，這樣的感覺好舒服，不知不覺中我就睡著了。」我笑著對他說：「這是因為你卸下了心防，就能開心享受大自然回贈給你的美好禮物。」

當孩子的「學習放大鏡」

孩子是很有趣的。當你很認真、很興高采烈、很手舞足蹈的和他們分享某一件趣事時，他們會眼神發亮、全神貫注的盯著你瞧，完全忘了剛才自己還一副愛理不理、沒啥興趣的表情。

所以當老師的我們，可以試著當孩子的放大鏡。我們毋需擁有高深的學科知識，只要每一次帶著他們去認識一個物種就行了。

我最喜歡帶孩子們去認識校園裡的台灣欒樹，這是市景街道中經常出現的美麗身影。夏天時，茂盛的枝葉常塗上一抹濃綠；秋天花開時節，樹上滿是黃澄澄的輕巧花苞；接著，枝頭上會冒出橘紅色的球狀物，不要誤會它是花苞，那是充滿氣室的果實；花季過後，台灣欒樹上一片褐色枯萎狀，正是已成熟的蒴果，最適合讓椿象們大飽口福。

樹上獨特的「羽狀複葉」構造也是引發孩子高度學習興趣的教材。當孩子們知道老師剛折下的這一大把葉子，其實只是「一枝樹葉」時，無不驚訝的喊著：「怎麼可能？」是啊，大自然裡總是藏著無數的可能與不可能。只要引發了孩子的興趣與專注力，他們的自學力就會從這樣的驚奇中展開。我們大人該做的，只要當他們的學習放大鏡就行了！

從「好噁心」變成「滿可愛的」

很多時候孩子們對於大自然感到害怕，其實是源自於不了解與缺乏相處經驗。所以帶的每一屆班級，我都會讓他們準備一個透明飼養箱，請每個孩子養五隻椿象。

如出一轍的，大多數的女孩全都皺起眉頭、苦著一張臉，而且還有「用塑膠袋包著手才敢抓椿象」的爆笑畫面。隨著時間的推移，孩子們的日記內容慢慢的從「好噁心」轉變成了「好像還滿可愛的」。我們師生常在上課時，圍看飼養箱裡的椿象脫殼、交配、產卵、孵化……這些神聖又感人的過程，也有孩子為了椿象的死去而哭泣，主動將椿象屍體埋葬在後山丘上。

最令我感動的是孩子小白，來自單親家庭的她原本看到椿象就會嚇到腿軟。飼養了一陣子後，椿象卻成了她唯一傾訴心事的對象。在將椿象放生的前一天，她一個人帶著飼養箱到空教室，和椿象做了最捨不得的道別。她一字一句的寫下：「也許是和椿象的感情培養久了，一想到要和牠們分離的場景，讓我有點鼻酸。我一個人帶著飼養箱去安親班的三樓，單獨的跟椿象聊天。椿象停在葉子上，好像聆聽我在說什麼，觸角擺動著，彷彿對我說些什麼。但是，我現在應該要調整好自己的情緒，以免放走牠們時，又難過的掉下眼淚。」

看到這樣文字，總覺得當老師是一件好幸福的事。有幸參與孩子們人生中的喜怒哀樂，有機會教他們體認生命的價值、協助他們走出苦澀的成長歲月，當老師的價值莫過於此了！

「蠶」缺的愛

學校最近在大力推動一個名為「蠶缺的愛」的課程。我們不養蠶，改養蟲，就是怕養蠶課程結束時，將有一盒又一盒的蠶寶寶遭到棄養，許多小生命因而殞落往生。

不養蠶，改養蟲，這是多麼棒的教學思維轉變！不用煩惱桑葉難尋的問題，也不用擔心課程結束後該怎麼處理數以千計的蠶寶寶。我們只要靜靜的欣賞毛毛蟲結蛹、蛻變、羽化成蝶、最後飛向天際……這些令人讚嘆的畫面就行了。

此外，種植紋白蝶幼蟲愛吃的小白菜，也是一堂很棒的課程。從播種到收成，大家還可以舉辦一頓小白菜大餐，幸福指數破表。

最近，學校老師開始自發的帶著孩子們進行生態池、蝴蝶園的建置，並且對全校學生進行「校園植物解說」、「解救校園落鳥」，以及「搶救受困樹木」……等生命課程。看到孩子們一一捲起衣袖，化身為環保小志工，悉心照料校園裡的每一棵植物、每一隻小動物時，就覺得好感動。這些小天使閃閃發亮，正是因為我們提供他們釋放愛心與熱情的機會。

利用連假，帶著小姪女到溪頭踏青。在林間步道尋幽探訪時，我們發現地上出現很多細長的「繩子」，仔細一看，它竟然還會動！小姪女嚇得花容失色、驚聲尖叫倒退三步。我蹲下來仔細觀察，忍不住發出疑問：「好奇怪哦，這動物這麼細，應該不是蚯蚓，因為蚯蚓是環節動物，會一節一節的向前縮；牠也不像馬陸或蜈蚣，因為沒有腳。」我話一說完，小姪女便往前靠了一步。

我繼續說：「你看，這條『繩子』尾端會抬起來擺動，通常會這樣行進的動物，應該是蛇吧？」我話說完，小姪女又更靠近了一點。

「真的耶，好像蛇哦！可是哪有蛇這麼細長的？根本就不像……」小姪女也跟著蹲在地上端詳許久，越看越覺得有趣，於是她拿起隨身相機，幫這條「不像蚯蚓又不像蛇」的動物來張特寫，準備回家上網查資料。

不只這樣，沿途的台灣杪欏、柳杉、青苔、土石流、蜘蛛網……只要我講到哪裡，她就拍到哪裡。我和老婆大人互看了一眼，彼此交換了一個會心的微笑。此刻的小姪女早已忘了她應該要怕蟲的，反而投身於鑽研大自然的奧妙之中。

對大自然保持友善，其實是一種生活態度，它展現了我們人類對待大自然時該有的「謙卑」與「尊重」。別再把孩子關在家裡或教室裡了，外頭一堂堂熱鬧又充滿著意義的生命課程，正等著他們開心的參與呢！

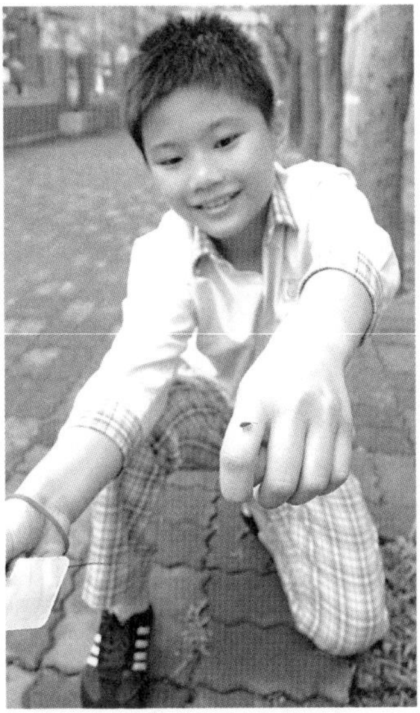

05 給新手老師的十個建議

被學生氣到傷心欲絕、面對家長冷汗直流、作業分量難以拿捏……。新手老師的第一年，總是天色不佳又路況不斷。「過來人」老蘇老師提出十個建議，為新手之路加油打氣！

時間飛逝，不知不覺中當老師也十多年了。每當看到身旁剛畢業的新手老師，就會想起從前那個帶點青澀、又充滿著傻呼呼熱情的自己。

其實這一路走來，有成長、有歡笑，也有跌跌撞撞的窘樣。還記得教書第一年時，自己也陷入了班上孩子缺交作業、偏差行為嚴重的困境，好希望有人能給予我更實質的建議。於是，抱持著這樣的想法，寫下這篇「給新手老師的十個建議」，希望更多的新手老師能教得更開心、更有效率。也將這篇送給每一位有愛心又有行動力的老師們。

一、出作業時，要小心拿捏分量。

可能您隨手多寫了一項作業，孩子回家就要多寫上一小時。閱讀很重要，請儘量每天留半小時的閱讀時間給孩子。

還記得在當兵時，還是小小二等兵的我，就深刻感受到：當上位者說出一句簡單命令時，接下來卻可能是人仰馬翻的大災難。「出作業」這件事也是如此。出作業前請先想想孩子，檢視一下我們是否有留足夠時間，讓他們從事更有意義的學習呢？

也許我們可以跳脫一下思維，協助孩子培養在家良好的自學習慣。例如，請孩子每天在家進行十分鐘的課外閱讀，一個星期後再到學校參加好玩的「班級讀書會」；請孩子每天剪報評析，一個學期下來就是有深度、有批判力的「小書創作」；或是請孩子準備課內的猜謎活動，好讓他們進行地毯式的課文閱讀……。這些都比讓孩子一行又一行的抄著語詞或課文有意義多了。

二、一定要記住自己教書的初衷。

千萬別因為隔壁班、同學年老師怎麼教，就緊張的有樣學樣。您缺的只是經驗、但不缺老掉牙的教學方法；您擁有的是新的教學思維，以及滿滿的教育愛。

新手老師最為珍貴的優勢，就是擁有資深教師比不上的活力與熱情。事實上我也看過好多老師，在教書多年後，被學生、家長或行政工作磨到失去熱忱。別小看自己，也別輕易的被旁人影響，您所擁有的新思維與滿腔的教育愛，讓孩子們好愛、好愛您！所以，別忘了盡情展現您的魅力，在課堂裡為孩子變化出各式迷人又耀眼的戲法。

三、別把家長對您的成績壓力、學校行政對您的學業壓力，全轉移到學生身上。

您不只需要教導孩子們知識，更需要維持他們持續不斷的學習熱忱。

也許這是人人對教育感到困惑的年代，因此，全民的焦慮全化成一股無形的重擔，常壓得老師們喘不過氣來。但身為一位有智慧的老師，我們應該要去思索：這樣的壓力來自何方？是不是我們將自己所承受的壓力，全轉移到孩子身上了？

面對充滿競爭的未來，孩子們需要的是適應未來的「能力」，而非被大人們想盡辦法塞進腦子裡的「知識」；他們需要的是創意的思維、批判思考的能力，以及對未來充滿學習熱忱的態度。而這些能力，才是需要我們持續關注且協助孩子的關鍵點。

四、別把習作或練習卷的成績拿來登記。

登記習作的成績，只是逼著孩子去抄自修；登記練習卷的成績，只是暗示家長和安親班老師趕緊叫孩子先背答案而已。

老師在乎什麼，會引發班上孩子及家長的跟進。您過度重視那些作業及評量試卷成績，就會培養出一堆高度重視成績的家長與孩子。但是，孩子的學習成就不是只憑一張考卷就能決定。您瞧他們在課堂上投入的神情、在作業上超高標準的完成，以及在實作上展現的創意與才華……都是讓人驚豔不已的學習歷程啊！

五、試著教孩子們一項您擅長的能力。

因為那是您的專長，所以舉手投足中充滿了令人敬佩的熱情。孩子們會感受到、也會一輩子記住您的神采。

教書第一年時，一位前輩告訴我：「請一定要盡情在孩子們面前展現自己的長才。」於是那年，我帶著孩子們又唱又跳，並且經常在黑板上小露一手畫漫畫。台下那一雙雙閃著崇拜光芒的眼神，也讓我更愛上了和孩子們相處的每個片刻。

如果您的專長是語文，那麼請帶著孩子領略詩歌的優美語調；您會畫些小插畫，不如就幫每位孩子畫張漫畫人像；您熱愛美食，也許可以做些烘焙餅乾，讓他們開心一整天。也許您說您什麼都不會，那麼就帶著他們每天慢跑吧！擁有健康的身體，才有體力去面對未來沉重的課業壓力。

六、不要懷疑，有一天您一定會被學生氣到傷心欲絕；而且，學生犯錯還會一錯再錯、令人失望透頂。但是請記住，孩子之所以會犯錯是因為他們需要被教導；而且孩子的成長不是看當下，而是需要拉長時間軸，退一步來看。

去年帶的班級裡，有幾位讓我一直很頭疼的孩子。我不明白，即便我用盡所有方法，為什麼還是教不好他們、救不回他們？雖然每天都在和他們對戰、雖然有時氣到傷心欲絕，但是經過一年、兩年下來，甚至是畢業後，當我把時間軸拉長再回顧這段日子時，我還是發現他們有進步。

孩子們為我上了寶貴的一課。原來，只要我再多一點有智慧的釋懷、多一點不厭其煩的溫柔，孩子的成長就會顯現在眼前。

七、保持快樂心情。

教書很累我們都知道，但是一定要找到讓自己快樂的方法。畢竟有快樂的老師，才會有快樂的孩子！

每回到外校分享的第一句話，我都會問在場的老師們：「老師，您快樂嗎？」當老師並不像外界所想像的那麼輕鬆，而且箇中辛苦外人很難體會。但如果不能轉換自己的心境，要如何面對日復一日的工作呢？孩子們喜歡在台上會開懷大笑的您，於是他們也會在心裡偷偷開心好久。有快樂的老師，才會有快樂的孩子。

八、您可以不用躲著家長，並且大聲的告訴家長們：「我很棒，我有的是方法，我愛您的孩子，我想把他教好！」而且，也要這麼告訴著自己。

每年總會見到許多新手老師在開班親會前夕，如同面對世界大戰般的慌亂；也真的看過不少家長，是帶著興師問罪的態度去參加班親會。但是，您一定要有自信的展現自己的專業。專業，來自於您怎麼都不放棄每位孩子的堅持，也來自於您不斷想破頭、尋求有效的解決方法。如此強大的信念，就會化成一股暖流，溫暖著每一位孩子與家長，持續散發一種安定的信任力量。

九、雖然教職之路充滿坎坷，但您做的任何決定都是對的。

不管日後當不當得成老師，只要是當老師的一天，就開心享受來自於學生源源不絕的幸福感吧！

少子化的衝擊，讓全國各縣市每年都只開出極少教師名額。許多有心於教育工作的新手老師們，始終擠不進教師甄試的大門；也看過不少超級適合當老師的新手夥伴們，因為苦等不到機會，終究離開了教育現場，令人不勝唏噓。但是再多苦難，回到生命長河中來細細品味，都會變成很好的試煉。與其每天惶惶不安，倒不如靜下心來真誠接受來自孩子的熱情回饋，找到教室裡潛藏的幸福感吧！

十、請記得走出您的教室，找到支撐彼此的教學夥伴。

從團體中一起腦力激盪，是在教育這條孤單的路上維持高能量的好方法。

最近的我，正和一群志同道合的夥伴腦力激盪，規劃著屬於我們學校特有的校園生態課程。我感受到前所未有的快樂，渾身上下的鬥志與能量全都被鼓舞了。教書絕不是關起門來的孤單行為，請走出您的教室，和夥伴一起朝著正向的教育理念而努力。您會發現，與人合作原來是這麼令人開心的事，也為教書生涯帶來全新的視野。

新手老師們，請打起精神來！在工作上的挫敗，其實都是人生最好的成長與躍升。您並不孤單，我們一直都在這裡為您打氣、加油。

06

創意教學撇步大公開

學生一看到「照樣造句」就唉唉叫，圓周長怎麼學也學不會，打掃校園很「青菜」？老蘇老師示範如何利用PK大競賽、扮牛吃草，讓孩子發揮創意，學會圓面積。

到他校分享時，我最喜歡談「創意教學」這個主題了。我喜歡和老師們分享如何在一成不變的教學日子中，為孩子、也為自己創造更多的驚喜；而我自己，也在這樣「玩」教學的過程中，重新獲得來自於教學中滿滿的感動與樂趣。

我知道一定會有老師會這麼想：「我用我自己的老方法，也可以把孩子教得很好啊？為什麼要把教學弄得這麼花俏？」應該這麼說，有創意的老師才能教出未來有創造力、有競爭力的孩子。現在的孩子已經不像我們以前剛出來教書的樣子了，如今，他們接收到的資訊量超乎我們想像，也受到太多的外在刺激與誘惑……老師們必須更有方法、也具吸引力，才能讓孩子在每一堂課中全神貫注、眼神發亮的上完一整節課。

所謂的「創意教學」，不是把課上得過於花俏而不切實際，也不是一天到晚讓孩子嘻嘻哈哈的玩樂，而是由老師們尋求教學的各種可能性，融入最適切的教學策略，讓孩子得到最有效益的學習成果。以下介紹幾個例子，讓我們同來輕鬆玩出一個個有趣的創意教學來吧！

訓練創意的語文領域創意教學

國語習作裡的照樣照句實在太難了，很多班導師都改得哇哇叫。其實我偷笑在心裡，因為我們班上的造句造得可開心呢！

這大題要仿寫三個落落長的句子，仿寫的方式如以下範例：

例：台灣的孩子在淡水河邊歌唱，海峽的風拂動他們的衣裳。

仿：一群女同學在愛河邊散步，柔柔的風掀動她們的衣裙。

這三個句子分別是：

一、歌聲劃破天際，風一般吹過田舍與農莊，滿天的星星偷偷記下他們睡前的希望。

二、亮麗的平原翻動著稻穗的金黃，黝黑的肌膚在椰子樹下發出光亮。

三、大海伸出雙手擁抱台灣的孩子於壯闊的胸膛，乘風破浪，他們寫下台灣的夢想。

語文能力好的孩子，可能會規規矩矩的造出超完美句子；語文能力較差的，就只能抱著頭唉唉叫；甚至有的孩子就從此投入「國語自修」的懷抱，一去不復返。不如，我們就來個小小的競賽，比看看哪一組造的句子最有創意。

我請第一、第四組來造第一題的句子，第二、第五組則負責造第二題的句子，第三、第六組ＰＫ第三題的句子。待吱吱喳喳的小組討論過後，將內容寫在小白板上。

創意，在我們班上是很重要的訓練課程，因此我們比的是哪一組句子最有創意。小小的煙硝味，馬上讓原本枯燥的「造句」苦差事，變成孩子們紛紛摩拳擦掌的白熱化競賽。

第一個句子，被塑造成了恐怖片的情節。好想知道接下來發生了什麼事哦？

歌聲劃破天際，風一般吹過田舍與農莊，滿天的星星偷偷記下他們睡前的希望。

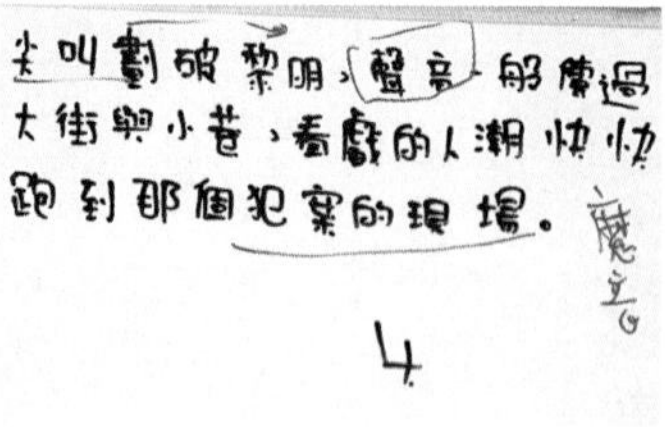
尖叫劃破黎明，聲音一般劃過大街與小巷，看戲的人潮快快跑到那個犯案的現場。
4

第二個句子走得是環保篇，句子裡頭描寫著小小的哀傷感。

亮麗的平原翻動著稻穗的金黃，黝黑的肌膚在椰子樹下發出光亮。

汙濁的海水波動著垃圾的汙染，純白的小鳥在海面上喘不過氣。
2

最困難的句子，就是第三大題了。除了「佛地魔」之外，連綽號「烤恐龍」的孩子，也來大搶戲份啦。

大海伸出雙手擁抱台灣的孩子於壯闊的胸膛，乘風破浪，他們寫下台灣的夢想。

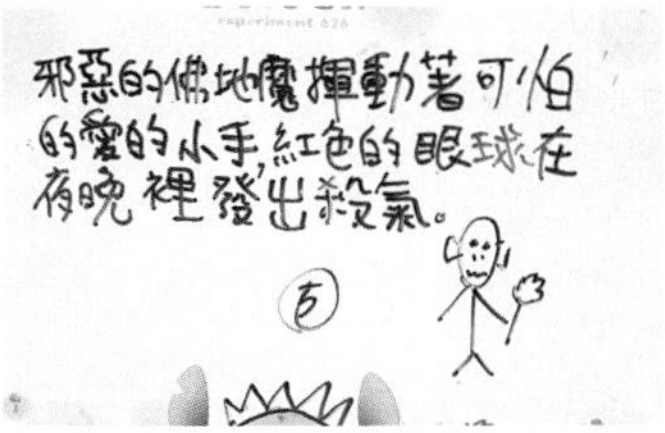
邪惡的佛地魔揮動著可怕的的小手，紅色的眼球在夜晚裡發出殺氣。
5

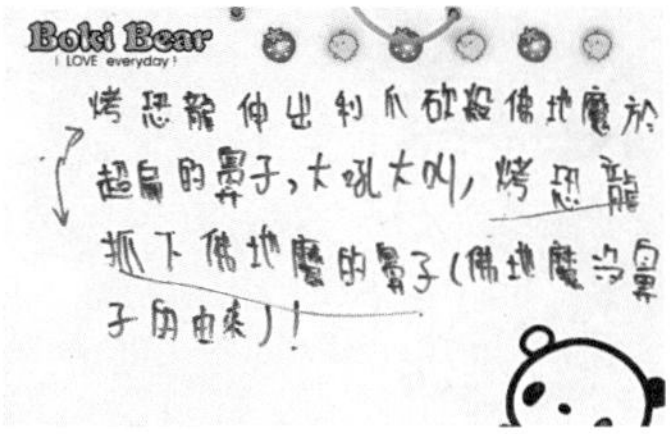
Boki Bear
I LOVE everyday!
烤恐龍伸出利爪砍殺佛地魔於超扁的鼻子，大吼大叫，烤恐龍抓下佛地魔的鼻子（佛地魔沒鼻子用也來）！

當然，吃營養午餐之前，是絕對不能上國語課的，因為會有這種句子出現……。

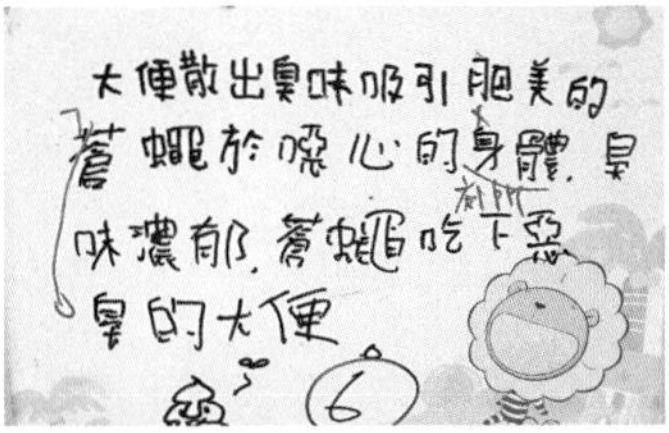
大便散出臭味吸引肥美的蒼蠅於噁心的身體，臭味濃郁，蒼蠅吃下惡臭的大便
6

每回，我都會拿著紅色的白板筆，在講台上一句、一句的批改各組的造句。不通順、詞性不對……的句子，馬上畫掉、改正過來，那麼大家就可以一起學習到如何造好句子的技巧。

當然，創意不是一開始就會被激盪出來，所以我又讓他們彼此交換不同題目後再一次創作。在趣味的氣氛中，在一次次的小組觀摩與模仿之後，這節造句課就會更加深入而充實。

這些無厘頭、又爆笑的句子，只有創意如他們才能想得出來。通常一翻開這些句子的小白板，我自己就笑到東倒西歪了。只要老師簡單的變化教學方式，就可以讓原本令人昏昏欲睡的制式課程變成充滿歡笑聲的一節課。

有效的數學領域創意教學

數學課最近上到最令孩子們頭疼的「圓周長」和「圓面積」兩單元。為什麼這些單元會這麼讓孩子們害怕呢？除了有一大堆「缺腿斷胳臂」的圓面積圖形，搞昏他們的小腦袋之外；像計算「眼睛」、「牛吃草」這種千年老妖的經典題目，也困難到讓他們有點欲哭無淚。

「牛吃草」這類題型真的很難纏，因為它實在是變化多端，任意把繩子的長度或是繩子綁的位置更動了，就會影響接下來的列式與算法。所以我乾脆親自下海，示範一頭老牛如何吃光所有的草地。

我把講台前的四張桌子併起來，請一位孩子把長線固定在桌子的一角，我就「哞哞哞」的出發了。所到之處，綠油油的草地全被我吃光光，大家看，我這隻老牛有多餓啊！

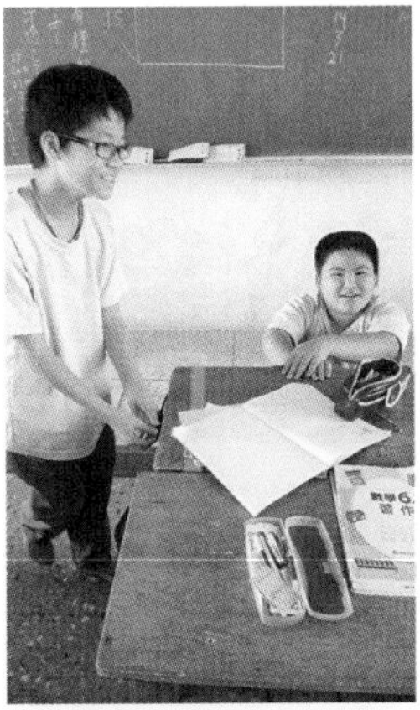

為了讓孩子們更清楚體驗到所畫出的範圍，我又請了好幾位孩子上台扮演「牛吃草」的瘋狂情節。不過，每吃掉一塊區域，我就在黑板上畫出這頭牛所吃掉的範圍，並且讓大家複誦一遍「四分之三圓」、「四分之一圓」；或是「半圓」、「四分之一圓」、「又四分之一圓」……這些口訣。還是弄不懂的孩子，就讓他們自己上來吃一次草囉！

孩子牛奶說：「原本我覺得這一題數學不是很懂，可是自從老ㄙㄨ下來當牛之後，加上老ㄙㄨ精闢的解說，我突然懂了很多。」

眼見為憑，而實做才是理解的最佳王道。越抽象的學習，越要結合孩子的生活經驗才行。實際的親手操作，能縮短孩子的理解時間，同時也可以把數學課變得有趣，不再是孩子心中的噩夢。

捲起袖子動手做的綜合領域創意教學

有老師問到，「該如何讓孩子愛上打掃」這件事？方法其實很簡單，應該反過來思考：我們有沒有幫孩子營造出愉悅的參與氣氛？

例如換了教室後，面對髒兮兮的地板，我們可以進行激烈又好玩的「擦地板大賽」。先將整間教室分為右前、右後、左前、左後、布告欄前、講台這六個區域，大家一起來比賽，看看哪一組的同學擦地板的動作最快最好、地板踩起來不再有沙沙的感覺。有著小小的「競賽感」就是不一樣，原本枯燥的打掃工作，馬上變成大家興奮參與的好玩遊戲。

完成了公共區域及自己座位附近的擦拭，就可以進行眾人引頸期盼的「滑水道競賽」了。比賽規則很簡單：先將桌椅全挪開，找兩道最髒的「滑水道」，再請兩組同學各自選一條「最厲害的抹布」，站著預備線後方；等到槍聲一響，選手就要手按著抹布快速衝出；到達講台後再快速回到原位，由下一位繼續接棒……。說真的，孩子們還沒玩得過癮，地板已經閃閃發亮到讓人眼睛都睜不開了。或是我們也可以在炎炎夏日裡，先不浪費水的來個「猜拳洗刷刷」。等到全身濕透、暑氣全消時，教室地板也全都是水了，剛好就可以把教室刷個晶亮。

這麼乾淨的地板，我們不急著把桌椅搬回來。直接打了飯菜，就隨意的坐在空教室的地板上，全班圍坐成一個大圈圈，來一堂很酷的「聊天課」。每個人都要輪流跟全班同學說一件事，不管是爆笑的、快樂的、難過的、生氣的，或是藉著這個機會道歉都好。這種與全班同學難得的心靈接觸，讓教室裡流動著一股幸福又溫暖的暖流。

最後，還是別急著把桌椅搬回來，全班一起來躺在潔白的地板上睡午覺吧！好朋友們或躺或趴，一同睡成一個「大」字型。讓這個幸福的畫面，成為我們刻畫在心底、回味無窮的雋永記憶。

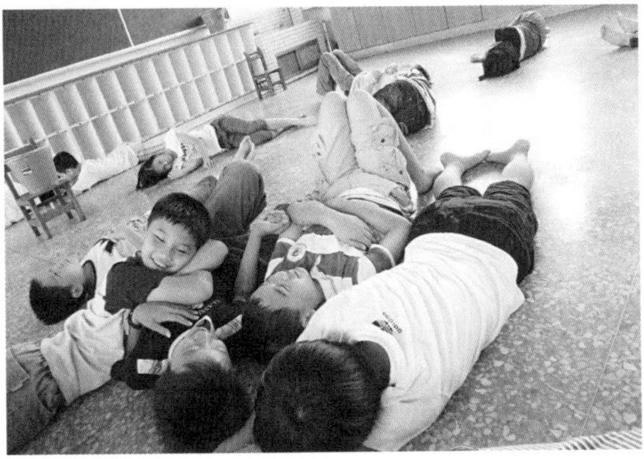

創意，也可以是很美的一門課。

例如上到「植物的世界」這個單元時，總是會讓每一班孩子在教室外種滿一盆盆的植物。看著一株株植物奮力的向上生長，為整條走廊帶來了綠意盎然的生命力。我也會帶著一把把的香水百合到實驗室，和他們細部解剖花朵的構造。在陰冷的冬日裡，淡粉紅色的百合花溫暖了我們的視線，也帶來一室的清香與美好。

從外觀的花萼、花瓣，到內部的雄蕊、花藥、花粉、花絲，再到雌蕊的柱頭、花柱、子房、胚珠。孩子們驚訝著：為什麼再熟悉不過的花朵，一步步拆解後，竟然藏有這麼多奧妙、這麼多有趣的結構？

時間夠的話，我會讓孩子到校園裡尋寶，每組都要帶兩朵花回來。孩子們氣喘吁吁的跑回來，開心的說：「老師，今天我們運氣很好，找到兩朵『完全花』哦！」還有，讓孩子們滿心期盼的「水果大餐」。藉由解剖水果，我們可以深入了解果實與花朵之間的關聯性。而滿桌高高疊起的水果山，證明了他們好愛這樣的活動，也展現了他們好久不見的童顏笑靨。

唯有「交換」與「分享」，才能享受到無私的芳香。切好的愛心水果，都被細心擺在同學們及老師的桌上，在校園各個角落裡，泛起了一朵朵甜蜜的微笑。

原來，真的只要多一點想像力及願意改變的心意，我們都可以在課室裡，為孩子們創造出一個個充滿驚喜的學習感動來。

07

如何帶領班級讀書會？

班級閱讀活動該如何推動？帶領過程中可以掌握哪些技巧？喜歡和孩子玩成一片的老蘇老師分享他從四個層面進行閱讀活動的經驗。

翻開孩子潘潘的聯絡簿，映入眼簾的是她急欲分享的喜悅心情：「老ㄙㄨ，跟你說哦，我這個星期已經看了三本優字好書，這三本書都好好看！我發現書真的超好看的，我下次一定要看更多書。」

孩子能這麼享受閱讀所帶來的樂趣，真是一件令人開心的事。我想，這也是每一位努力推動閱讀教學的老師最想得到的甜蜜回饋吧！

我自己在班上很努力的推動閱讀教學，因為我知道在國語授課時數明顯不足的情況下，唯有「閱讀」和「寫作」才能統整孩子腦中的語文知識，讓孩子的語文能力不至於下降得太多。

不過說真的，「讓孩子愛上閱讀」這件事並不會憑空出現，得靠老師的規劃與引導才會有所成效。班級裡的閱讀活動該如何推動呢？通常我在班上會分成四個層面來進行，包括常態式的閱讀活動、資訊融入閱讀活動、活動式的閱讀活動、閱讀與寫作的結合。

讓閱讀行爲變常態

所謂「常態式的閱讀活動」，是指將閱讀時間分散在孩子的生活中，養成他們「沒事就會想要拿起書來閱讀」的動機與習慣。做法很簡單，老師邀請班上孩子每人回家帶三本好書來學校，搭配老師平時就已準備好的眾多藏書，一起擴充成班級的「小小圖書館」；老師從中挑選適合閱讀的好書，成為「優字好書」清單；接下來再請孩子運用星期假日時間在家閱讀「優字好書」，於一至兩週內閱讀完畢，並完成一至兩百字左右的閱讀心得。

通常這種「老師掛保證」的優字好書，會引發孩子的好奇心，紛紛想把好書借回家閱讀。如果這時老師再強力推薦一下：「偷偷告訴你們哦，老師這裡有一套超級好看的故事書。故事內容超精采，精采到讓老師看完幾乎是捨不得放下它。可是這套書只有四本而已，有沒有人想先看？」

可以想像接下來的畫面，一定是——全班爭相舉手、還得用猜拳來決定誰可以先看的順序呢！

不過我又覺得，孩子認真寫出來的閱讀心得只讓老師一個人批改時欣賞，實在太可惜。所以我們把頭腦動一下，讓「資訊融入閱讀活動」。我們在班上成立了一個網路讀書會，讓網路發揮它無遠弗屆的影響力。

我們運用班級部落格的互動功能，先將每一本「優字好書」都各自發表成一篇文章，歸類到「網路讀書會」的分類裡，於是我們班上就擁有了將近四、五十篇的好書介紹文章。其次，再請孩子將每週撰寫的兩百字閱讀心得，輸入到每篇文章底下的回應欄裡；當越多人看過這本書，這本書下面的回應數量就會越多。

這樣的方式，讓其他孩子可以看到這本書的各種討論。如此一來，閱讀就不只是單方面的，而是匯集了眾人不同的想法。

如果可以的話，再讓他們針對別人的閱讀心得，做深入的回應。這種交叉回應，也可以活絡閱讀的深度，充滿了與人互動的樂趣。

第三個層面，是顯得較為熱鬧的「活動式的閱讀活動」，其中最具代表性的閱讀活動就是「班級讀書會」。班級讀書會，雖然在事前的規劃上比較耗費心力，但是孩子所得到的閱讀樂趣及老師所獲得的成就感，卻是前所未有。

我自己從第一次舉辦班級讀書會，至今已經有十年之久。當初會推動班級讀書會，動機其實很簡單，就是希望能藉由全班共讀一本書的模式，讓沒有閱讀習慣的孩子對閱讀充滿新鮮感與期待感。同時，班級讀書會其實也是一種「傾聽」的過程。在討論過程中，我們學會去傾聽別人在說什麼，也學會表達自己不同的看法。這種學習「如何傾聽」的歷程，對現在的孩子而言是很欠缺的。

很多老師問：「班級讀書會要如何推動啊？我讓孩子們去討論，可是他們都顯得興趣缺缺。」帶領班級讀書會，要有步驟性與循環性。每一次的班級讀書會，大致可以這樣進行：

一、暖身活動：主要在熱絡讀書會的氣氛、營造期待讀書會開始的感覺，例如可玩些閱讀的小遊戲。

二、導讀活動：可以幫助其他孩子聚焦，快速的掌握這本書。在導讀者的帶領下，從不同的詮釋角度來看這本書。

三、討論活動：讀書會首重討論，因此這個階段是整場班級讀書會中最重要的一環。

四、回饋活動：老師和孩子針對剛才的討論活動，做一些分享與回饋。

五、延伸活動：讀書會結束後，可設計小小的延伸活動，延續閱讀的感動。例如寫信給作者、上網找書評、舉辦辯論大賽、影片欣賞、製作小書、製作藏書票……。

鼓勵孩子讀後創作

閱讀和寫作是脫不了關係的，我們還能做到「閱讀與寫作的結合」。在閱讀完一本書後，可以讓孩子進行創作，包括製作小書、生命教育繪本、電子童話書……。也可以用「好書接龍」的方式——同一本書讓每人輪一個星期閱讀、寫讀後感想，效果也出奇得好。

在班上推動閱讀活動一段時間，孩子會感受到來自書本的力量。原本不喜歡看書的小鳳這麼說：「我常常在想，為什麼那麼多人愛看這本書呢？我覺得這本書對我來說很難，因為這本書的封面不好看，裡頭的字又太多，根本看不下去。後來聽同學說這本書很好看，我才想要認真看。當我看到第四篇，我發現後來的每一篇都很好看，而且一篇比一篇精采，讓我忍不住一直想看下去。到最後看完時，我還捨不得放下書呢！我一看再看，看到我都睡著了，還是我那可愛又慈祥的媽媽幫我把書拿去放。」

閱讀能力是孩子一生受用的能力，期盼這些孩子也能繼續保有對閱讀的高度興趣。那將會讓我們自己雖然外在資源匱乏，心靈財富卻是滿溢的。

有層次的發問，增進討論活動的深度

在帶領班級讀書會的步驟中，以第三個步驟「討論活動」最為重要。老師的發問應該要有層次，從簡單到困難：

一、掌握要義：讓孩子迅速掌握書本的內容。
二、優點賞析：讓孩子欣賞到書中人物或書本的優點。
三、釐清思考：藉由不同的切入點，澄清孩子的疑惑，以重建其價值觀。
四、知識應用：將剛才所學到的知識，運用在自己的生活中。
五、延伸思考：將討論後的想法延伸擴散出去。

前兩個層次的問題能引發孩子熱烈的討論，而後三個層次的問題，則能促進孩子思考的深度。如果我們直接從第三個層次的問題開始發問，孩子就會缺乏發言的興趣，討論會過於冷清；如果老師花太多時間停留在前兩個層次的問題上，討論就會只局限在表面的探討而已。所以老師發問的問題，都必須經過仔細的設計才好。

我自己也從這樣的發問技巧中，獲益良多。這五個層次的佈題法，運用在國語科或其他科目上，都非常適用。

08

零體罰，老師怎麼教學生？

近幾年來學校落實零體罰，讓許多教師大喊「學生難管教」。體罰究竟有沒有效？曾經買過「愛的小手」的老蘇老師，如何看待這個校園裡的千古難題？

有一位老師提出了「零體罰」的困惑，輾轉寄到我的信箱裡。這封信的內容是這麼說的：

「您好，不知道我的問題是否適合在此發問，不過仍斗膽請教，若能夠得到回覆，不勝感激！

現在的學校教育強調抵制體罰，而體罰的範圍除了身體上的處罰以外，稍重的言語斥責、抄寫課文等等，只要讓孩童身心感到不適者，都統稱為『體罰』而禁止。身為學校老師，完全無法可管現在的小孩（尤其小五、小六），在媒體的強烈放送下，孩子們也懂得你無法管教他們，於是變本加厲，無法無天。而家長們也常在自己小孩的轉述中，認為自己的小孩準沒錯，進而質疑老師的管教。

在上述情形之下，目前的學校教育已經變成老師只管受教的小孩，對於那些搗蛋作亂、不思學習的小孩採取放任態度，只要他不要嚴重影響乖的小孩就好。這完全促使了M型化社會的形成，且跟我的教育理念完全背道而馳。

因此，想請教是否有辦法改變此現狀？還是這社會便是如此，順流民意，放任不受教的小孩繼續沉淪？謝謝！」

讀了這樣的來信感到很沉重，畢竟這是來自一位有心的老師內心長久以來的困惑。我想，這樣的議題一拋出，肯定又引發一場家長們和老師們的世紀論戰。

平心而論，這樣的擔憂是有道理的。畢竟管教問題牽扯到的，不僅是一位老師與孩子之間的輔導問題，影響的可能是整個課室裡所有學生的受教權。零體罰政策需要的不只是共識，而是全民共同來協助處理這些教室內的紛爭，上到學校行政主管、各縣市教育局，下到家長這端，都該有一定的配套措施。例如，分派專職的專業輔導人員駐校協助，或是訂定法令規範家長共同配合，才不會讓導師陷入單打獨鬥的困境。至於零體罰這個議題，我想可以從三個部分來談。

體罰有用嗎？

我來說說我的親身經歷。

第一年剛出來教書時，台灣尚未有零體罰的觀念。我很訝異的是，每一個班級裡頭都有一把專屬的「尚方寶劍」。隔壁班資深老師強烈建議我這個初出茅廬的小毛頭，一定要去買一支「愛的小手」回來鎮壓學生，否則學生肯定無法無天、騎到我的頭上去。

我果真聽從建議，去買了一支「愛的小手」，其實我沒打算用它來對付學生，只希望能營造像「家法」那樣高高在上的紀律感罷了。

隨著學生犯錯的頻率越來越高，我不得不把「愛的小手」拿出來亮相：「再不乖，我要修理人了哦！」說真的，剛開始的那一、兩天還挺有效果，但沒幾天這些犯錯的孩子又繼續明知故犯，因為他們知道老師是在虛張聲勢。最後，在警告一直得不到效果、全班學生都認定老師「說得到做不到」，我只能捍衛自己訂下的規定。

全班孩子都坐在底下看好戲，這些打架滋事的孩子全排成一列、屁股翹得高高的等著我修理他們。當我高高舉起「愛的小手」時，我突然發現我真的沒有勇氣用力揮下去，最後，我只能作勢輕拍一下他們的屁股，就草草叫他們回座位坐好。

當下，我有著深深的罪惡感。體罰別人，就是去傷害別人的身體，這實在是一件很殘忍的事情，我真的做不來，我一點也不想扮演這種惡狠狠的角色。

其次，我突然明白：原來恐嚇孩子是會成為習慣的。當我們警告著孩子「不能做，否則我要修理你」時，其實已經預言著我們未來的行為；當警告無效時，下一次我們所提出的警告就會加倍；一直到某一次，警告程度已經到達了極限、大人的情緒已經滿到頂點時，往往我們為了捍衛某種無謂的尊嚴，而被迫去執行自己所訂下的規定。同時，我也深刻的反省著：那些長期被我責罵、被我警告、甚至是揚言要修理他們的孩子，他們的行為有因此變好嗎？其實並沒有。環顧每一班令人頭痛的孩子，哪一個不是被罵得最凶、被修理得最慘？「處罰他們」跟「讓他們變好」，這好像是兩件事情？

所以，當下我就把「愛的小手」丟掉了。丟棄了它，代表我終於認清自己的班級經營是有問題的；我也相信，應該還有更有效的方法，來教會我的孩子，而不只是處罰他們而已。

責罵與訓誡的差異

所以我開始釐清：當孩子犯錯時，我究竟是在「處罰他們」，還是「想要教會他們」？孩子犯錯時，我們是該適當的「訓誡」，但不是「責罵」。所謂的「訓誡」，是態度嚴正的指出他們的問題，不帶個人情緒，同時內心有強烈的、想教好他們的心情；而「責罵」卻是摻雜了太多大人的情緒。也因此，「訓誡」的時間較短，目的達到即可停止；

然而「責罵」的大多時間都是大人們在發洩情緒，因此時間越拖越長，越罵越氣。舉例來說，孩子因貪玩去惡作劇欺負同學。老師可能氣炸了，先把這孩子狂罵一頓，再逼他去和同學道歉，然後處罰他一個星期不准下課或抄寫課文十遍。這就是「責罵」。過程中只看到大人們生氣的情緒，並沒有看到孩子有因此而深切自我反省，也沒有因此學會怎樣做出正確的決定。他只有被告知哪裡做錯了，以及得到一個讓他感到痛苦的處罰。

那麼，下回在相同的時空背景裡，這孩子還會因貪玩再去欺負同學嗎？肯定是會的，因為他的心裡覺得已經為上回的錯事付出代價了。他會害怕處罰，不代表他不會因為好玩再去欺負同學。我們只有處罰到表層的行為，卻沒有教到深層的反省，這就是為什麼我們總覺得孩子仍我行我素的原因。

而「訓誡」，是在這歷程中時時刻刻保有想教會孩子的想法。因此我們可能會扳起臉孔指正孩子，但是仍不斷和他釐清這件事的是非對錯。我們可以不用處罰孩子，但我們一定要教會他們對這件事情負責，並且讓他們學到深刻的教訓。

不體罰，我們還能怎麼做？

現在的校園裡霸凌議題十分嚴重，主要是這些行為偏差的孩子每次只有被別人處罰、被凶狠的責罵，但是從頭到尾，他們自己並沒有覺得自己做錯了；也沒有被教會在下一次應該如何做出最適當的行為來。也因此，越罵他心裡越反抗，越罵他就故意越壞。

我們該做的，首先是要修正他們的態度。當他們犯錯被糾正時，很多時候他們的反應不是羞愧，而是憤怒。所以我們要從化解孩子的情緒開始，可以這麼問：「你現在是在生氣嗎？」語氣可以委婉或是嚴肅，端看孩子犯的過錯大小，以及當時孩子表達出的情緒強烈而定。

如果孩子說：「我沒有在生氣。」那麼我們可以這麼說：「為什麼你看起來很不開心呢？」「你的表情看起來好凶哦，可不可以先深吸呼一下，換另外一個表情呢？」如果孩子說：「對，我就是在生氣。」那麼我們可以接著這話題：「你能不能告訴我，你為什麼生氣？」或是「但是我想和你用智慧來處理事情，而不是和你用情緒來處理事情。」這麼做的目的是為了讓孩子卸下外層的防護罩，等到孩子稍微放下情緒，才是真正打開了溝通的大門。要說出能打動孩子心裡的話，也不是一件難事了。

其次，是教會他們反省能力。很多孩子犯錯時，都會指著別人說：「別人也有玩啊……都是他們的錯……是他們害我的……。」所以，我們要用盡各式各樣的方法讓他聚焦在自己的錯誤上，而不是第一時間就想要逃避責罰、推拖找藉口。

我最常做的，就是讓孩子們換個角度來檢視自己。例如，我會請作業總是敷衍亂寫的孩子學老師嚴格的批改他自己的簿本；而每天小錯一直犯不停的孩子，我會請他嚴肅的罵自己十句。神奇的是，當孩子有機會扮演檢視自己錯誤的角色時，他們往往會拿出更高的標準來批判自己，同時，對自己的指責也比大人更嚴格。

有時候，孩子一開始還嬉皮笑臉的罵著自己，到最後眼淚竟然就撲撲簌簌的掉了下來。處罰孩子，絕對不是最有效的管教方式，因為那只能獲得短暫的嚇阻作用，卻在彼此心裡埋下更多的未爆彈。只有真正把孩子教會了，才能徹底解決教室裡長久以來的紛紛擾擾，重新找回老師應有的自信與笑容！

09

和學生搏感情

好意關心學生，卻真心換絕情？要獲得孩子的信任與喜愛，需要耐心陪伴。老蘇老師傾囊相授與學生「搏感情」的三大妙招。

前一陣子，我在信箱裡收到一封老師來信，內容寫著：「最近班上的狀況很多，學生生活常規糟透了，苦心規勸，他們還會頂嘴。很不想扳起臉孔罵人，但總覺得帶這班帶得很無力，不知道有沒有什麼好方法來改善？」

收到這樣的信，一方面為老師感到不捨，同時也思索著該如何回覆這封信。要提供一些立竿見影的教學方法不是沒有，但問題的癥結其實在於：師生之間並未建立起深厚的情感聯繫，以至於老師的心意沒有確實傳達到學生的心裡。

教書多年，我深深體悟到，師生之間真的是一種「搏感情」的歷程。一旦孩子喜歡老師、信任老師，就會為了老師而真心改變。而唯有老師肯花很長一段時間的耐心陪伴，才是建立良好師生關係的最佳關鍵。

我很希望自己能和所帶的孩子建立起深厚的情感基礎。只要一個眼神、一個動作，他們就能明白我的心意，如此便能達成事半功倍的教學效果。然而，這是急不得的，需要時間的累積，才能醞釀出香醇、感人的故事來。以下介紹我自己帶班多年來，覺得對改善師生關係有不錯效果的方法，和大家一起交流、分享。

師生的心靈探索旅程

學習的場域不應只局限在教室內，可以的話，我會帶著他們離開教室，用一步一腳印的方式去體驗真實的人生。不過，這種探索課程的人數不能太多，得將節奏放慢，才能在每一次老師細心指導與學生熱情回應的過程中，細細品味師生之間的互動與樂趣。

我自己是用旅行的方式，利用有空閒的假日，帶著一批孩子走出校園去探索世界、拓展他們的生活經驗。我稱這活動為「孩子的自助旅行」。

現在的孩子，因為爸媽工作忙碌，假日經常被關在書桌前或補習班裡，或是流連在網路世界裡忘了回來，因此無法養成生活自理能力與問題解決能力。我們會覺得現代孩子的依賴心重，也是理所當然的事。

「孩子的自助旅行」的意義，就是由孩子們來策劃當天要去哪裡玩，因此他們必須憑本事把自己帶到預設的目的地。這可不是一件簡單的事，他們經常在校門口討論了將近半個小時還沒有出發。這是和他人一起共事、一起討論的歷程，是身為現代人應該要學習的重要課題。

這學期我帶著他們走訪鹿港，我走在他們後頭，看著他們繞遍整個台中火車站，連問了四、五家客運公司，就是找不到前往鹿港的公車。雖然我急得心臟病快發作了，但還是克制住想直接告訴他們答案的衝動。因為對孩子而言，他們正在學習如何解決問題。經歷了這樣的過程，他們終於學會如何詢問適當的路人、順利歡欣的買到通往鹿港的車票；而這樣的經驗對我來說，其實也是「學習放手」的重要課題。

每次旅行回來，孩子的感情就會變得更融洽，因為彼此有種共患難的革命情感。孩子們也會感受到老師私底下是這麼隨和、有趣，而體會到老師平時碎碎唸的苦心；師生間會變得更加有默契。

我到外校分享時，不少老師也會和我分享他們帶孩子去自助旅行時獲得的感動。有老師表示：「帶孩子出去玩一趟，真的帶給我很大的收穫！」我也曾聽過有父母因此開始讓孩子去規劃屬於自己的自助旅行。聽到這些回饋，真是令人十分開心！

帶孩子出去走一趟，真的是好處多多，但非得要您牽起孩子的手，親自走過這一趟才能感受到啊！

100
麻仁

台中車站
臺北國際花博

一直心疼班上那些長期在學習方面跟不上的孩子，其實他們不是不願意弄懂，而是沒有方法；不是沒有學習態度，而是沒有學習環境、沒有人給予他們正向的支持。

所以，我在課堂上會儘量將繁複的學習過程拆解開來，希望能用最平易近人的講解方式，協助他們克服心中的學習恐懼。如果有時間，我也會刻意在每天放學後留下來一個小時，在學校陪這些孩子一起奮鬥。留下來的這段時間內，什麼都不能做，唯一能做的就只是「算數學」。

我希望這些孩子是自己真心想要弄懂數學，所以他們必須說服家長讓他們留下來加強數學，並且主動把家長同意書交回來才行。這樣的過程，其實是展現、也更強化他們的學習動機。

讓孩子留下來算數學的好處是，當所有人都全力以赴在算數學時，會營造出一種認真學習的氛圍，即便是數學能力很差的孩子也會靜下心來好好算數學；同時，在同儕的互動中，他們也可以體會教學相長、相互扶持的樂趣。而我自己也透過和孩子更從容、更仔細的解題過程中，明白孩子的盲點在哪裡，同時思索該用什麼方法幫助他們解開學習的困難點。

很多家長都有一種迷思，以為只要把孩子送進補習班，孩子的數學成績就會進步。其實，這應該是看究竟孩子「自己」每天花了多少時間算數學？這樣的課程實施一段時間下來，就會有孩子說：「咦？好像數學也沒那麼難？我好像也會算耶？」也有孩子笑著說：「成功解開一題時，會有種莫名的喜悅與感動。」甚至有孩子拿到段考的數學考卷的剎那，會興奮的跳起來歡呼，並且流下激動的眼淚。「學習」就是這麼一回事，只要有勇氣、不畏懼的朝向自己最感困難的方向前行，並且努力堅持一段時間不放棄，就會收到意想不到的效果。

這陣子我比較忙碌，但還是儘可能在星期三下午留下來幫他們做數學補救教學。有時候，我會幫他們準備小點心充飢；有時候，我們會暫時跳脫惱人的數學題目，彼此說說笑話、開開小玩笑。漸漸的，我發現師生間的隔閡消失了。此時的我，只想當一位真心想幫助他們面對學習恐懼的大朋友；而他們專注的眼神，似乎也像在告訴我他們明白這個道理。

用文字走過青澀的成長歲月

誠如前面所說的，師生之間是一段長時間的搏感情歷程。所以，除了老師身體力行的陪伴外，我也希望透過文字來交心。

每天，我都讓孩子在聯絡簿裡寫兩篇以上短文，其中一篇是透過短文創作來書寫自己的生活，包括最快樂的事、新聞大小事、成語故事創作、長篇小說創作，以及寫給老師的一封信。另一篇則是善行日記，可以記錄別人的好、自己所做的善行，同時反省自己的行為。

每天我大概會花一節多的空堂來批改聯絡簿。很多老師乍聽之下會面有難色，但我個人覺得批改這樣的作業真值得。帶了這麼多屆下來，我發現透過這樣大量的書寫，孩子們的語文能力會慢慢提升，品性會慢慢被陶冶，創造力會被大量激發，感情也得以釋放出來。家長們的態度，也從原本的質疑慢慢的轉向了肯定；甚至有家長在兩年內感受到孩子的轉變，在孩子畢業時流下感動的淚水。

聯絡簿裡一篇又一篇的短文，正是孩子的生活縮影，讓我看到孩子和同儕的相處情形。例如，孩子小揚說：「我錯了，我錯在不合群，大家都已經達成了共識，而我卻堅持己見。」孩子小敏則用文字描寫著一場場家庭風暴：「我已經厭倦了這樣的生活。爸媽每天吵、每天罵，一會兒說不要我和弟弟，一會兒說到大陸去，又說要離婚，還拿椅子亂打亂摔的。繼續住在這種環境裡，我真的會瘋掉。」

透過這些短文，孩子們逐漸釋放掉負面的情緒，走過青澀的成長歲月。而我也在閱讀這些背後故事的同時，對他們有著更多的包容與體諒，試著為每個孩子調整不一樣的教學方法。因為，這才是每個獨特的他們，最該被認真對待的方式。

我總是用這些傻呼呼又耗費力氣的方式，來帶我的班級。奇妙的是，時間一拉長，卻有著倒吃甘蔗般輕鬆又愉悅的感覺。教書這份工作，雖然真的很辛苦，但只要我們投注的時間與精力越多，最後所得到的回饋也就越加甘甜、越加的幸福滿溢呢！

學習狀況
今天的功課和明天應帶的物品

10
克服數學恐懼感

孩子算數學的速度太慢、老是寫不完考卷；明明都會寫，但總是粗心抄錯……。老蘇老師分享不害怕數學的方法，提升孩子的解題戰鬥力和自信心。

女孩來到我的面前，好奇的問：「老師，我哥哥以前的成績好嗎？」這孩子的二哥是我教過的學生，大哥則是隔壁班的孩子。我說：「應該這麼說吧，你們家都是聰明的小孩，可是比較不喜歡把聰明運用在讀書上。」

女孩的二哥以前在學校的學業普通，表現還算中規中矩；大哥在學校卻是每天惹事、狀況一堆。這跟家長的教養觀有很大的關係。他們的父母親不太注重功課，跟學校老師也經常有溝通上的衝突。

「那你呢？」我順口問，女孩支支吾吾的說：「我的功課還好啦，國語都有八、九十分。我二哥的成績比較好，他最近的英檢又通過了。」

眼前的女孩算是文靜，也挺有禮貌，應該是老師心目中的乖巧學生。我教過很多這類的孩子，乖巧聽話，讀書也算認真，但這些孩子總覺得學習很力不從心；投注在學習上的努力，總是和學業成績不成正比。

「應該是因為數學的關係吧？你會不會覺得數學很難？」我問。女孩眼睛為之一亮，接著說：「對呀，數學很難，老師您怎麼知道？」其實這很容易推論。沒有讀書氣氛的家庭環境，是沒有辦法把「需要很多時間演算」的數學掌握好；只提國語而略過數學成績、不提自己而轉移話題談二哥……這些都是名偵探柯南辦案時很重要的線索。

我故做輕鬆的說：「因為我教過很多學生啊！不過老師要告訴你，現在的數學成績跟以後的升學真的有很大的關係。千萬不要怕數學，你很多學姐都認定自己的國語很好、但數學不行；但是越不行，越要去面對它。如果你現在怕了數學，就真的沒辦法把數學學好了。」

女孩似懂非懂的點著頭。於是我回想起以前帶班時，也是花了好多的力氣協助班上的孩子們克服心中對數學的恐懼。也許，當大人的我們可以這麼做：

改變數學課的氛圍

首先，我們必須先把數學課形塑成一門很有趣的課程。

上數學課不應該只是「老師講解題型→學生練習→回家寫作業→到學校考試」這樣痛苦的學習模式。我們可以把學習主導的角色互換或是改變學習媒介，就會引發前所未有的學習興趣。例如「小白板闖關」，就是利用闖關的氛圍，讓孩子們一關一關跟著老師循序漸進的引導，享受解開難題的樂趣。

我也曾經運用「數學家族」的方式，將全班依不同程度分成數個數學家族，每個家族裡，會有數學一級的資優同學擔任家長，協助家族裡數學二級、三級的同學們一起往上跳級。加上老師在一旁口頭鼓勵及實質獎勵，每個家族都呈現向上躍升的趨勢，甚至有的家族裡的每個成員全都變成一級、二級的數學資優生。

數學的解題，也可以和孩子們不喜歡吃的小番茄激盪出有趣的學習氛圍。只要答對一題，就可以領回一顆小番茄。說也奇怪，明明中午大家都心不甘情不願拿走的小番茄，一到了數學課，卻變成人人拚了老命想獲得的解題獎品。簡單的轉換學習情境，就可以讓數學變得更容易親近，幫助孩子享受學習的過程。

釐清學習困難的原因

孩子學不好數學的原因很多，不外乎下列幾個情況：基本運算能力太差、看不懂題目、速度太慢、考試時太粗心或上課不專心。不同的孩子有不同的學習困難，不過還是可以從閱讀他們的作業或考卷中窺知一二。

我常常在批改孩子們的考卷時忍不住嘆氣：明明都快拿到分數了，但就是因為加法加錯、減法減錯，或是亂乘、亂除的情況一堆。沒有靠著手算、一筆一筆數字做練習，只靠眼睛和頭腦想像的孩子，就會在正式考試中失誤連連。

不過，基本運算能力太差倒是可以透過反覆計算來加強。有個小方法可以快速提供孩子應對加減乘除的大量計算（見左頁圖）。這是利用九九乘法表的概念，例如我們先畫出三十六個格子來，在左側及上排隨意填上數字，再於左上角填上乘號，就可以讓孩子練習二十五題的乘法。也可以將乘號，改成加號、減號或除號，就可以練習不同的四則運算題型。

或者，將上列及左側數字換成小數，就可以進行小數的加減乘除；將數字改成分數，就可以做分數的四則運算；分數與小數的互換、不同單位量的互換加減，以這張表格來延伸練習，也都很實用。

科學研究上有個名詞稱為「數感」，就是指孩子對數學練習達到一定數量後，一見題目就會在心裡飛快的計算著，看到新題型也知道該如何下筆。基本運算能力進步，才能加快數學解題的速度，充分掌握數學題目想表達的意思。

X	32	65	97	11	42
74					
32					
35					
85					
66					

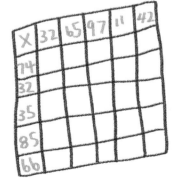

要讓孩子不懼怕數學，除了找到孩子學習的困難外，更要提供他們對數學產生自信心的機會。

與其他老師不同，我們班上的數學習作不是帶回家寫，而是用考試的方式。我會請他們回家後，先預習數學習作，並且保持空白到學校再來進行測驗。這樣的好處是，可以避免有些孩子在家裡只用眼動和手動的方式抄解答。所以，每當數學習作一考下來，我們就可以知道哪一位孩子是認真準備數習考試，而哪位孩子又不把學習當一回事。

數學習作的題型，是數學課本的加強練習與延伸，因此成為很重要、也很基本的學習素材。我們也可以從每一次這樣的小考試中了解每位孩子的學習狀況，檢測他們的困難與問題。最重要的是，孩子會從這些基本的題目中慢慢找回對數學的自信心，進而發現「哦，原來數學沒有想像中那麼難，而且我竟然全部都弄懂了耶！」於是在自信心增強的支持下，孩子會更有耐心的去面對每一題數學，因為他們相信自己做得到。

我也會針對每天上課的內容，出十個相同題型的數題，讓孩子們抄回家練習；有時會從中抽一題來測驗他們是否真的懂了。雖然題型很難，但在連續反覆的練習中，孩子們會比較熟悉如何列式、如何解題。有了自信心後，自然就覺得數學變簡單了。

多算數學才是王道

速度太慢、老是寫不完考卷，或是明明都會寫，但總是粗心抄錯或者加減乘除算錯，這些都是太少算數學的結果。因為，孩子很多時候都是「用眼睛看」來算數學，一旦真的動手計算，就會東缺西漏一大堆的細節。

很多父母送孩子去補習班，以為孩子的數學成績就會突飛猛進，其實只解決了父母親的焦慮心情，絲毫沒有考慮到孩子的個別差異。補習時，多數時間都是老師在講述解題技巧給孩子聽，孩子還是沒有太多可以自己解題、演算的機會，個別的學習問題依舊存在。

我曾經做過一個實驗，就是放學後留下來一個小時陪孩子們一起算數學。一個月下來，我發現每個孩子都有不同程度的進步，甚至有孩子因為自己進步而流下感動的淚水。方法其實很簡單，就是在一旁陪伴他們、等他們來問我問題。

為什麼會有這麼大的成效？原因是，每天多花一個小時算數學，不但可以針對當天所學反覆複習，還能針對較難的題型加強練習。每天多花一小時，一個月下來就多了三十個小時。同樣的單元比別人多花三十個小時來複習，成績不進步也很難！所以，我建議每天要保留孩子算數學的固定時間，例如在學校，老師可以每天安排幾十分鐘讓孩子專心算數學；回到家後，父母親也可以規定八點到九點是算數學的時間。不只是把功課寫完，而是一點一滴扎實的累積自己的數學能力。

我遇過很多家長，是一邊罵孩子、一邊教孩子數學，也有很多家長在大嘆數學教不來後，就把孩子往補習班或安親班送，以至於孩子的學習興趣與動機就斷送在這些微妙的親子相處片段中。我們應該做的，是試著協助他們找出學習數學時的困擾，幫助孩子喜歡上數學、減少對數學的恐懼。

越不行、越困難的，越要充滿勇氣的去面對——這才是我們要教孩子面對生命的正確態度啊！

11

作業缺交大作戰

放假症候群，孩子好不容易上緊的螺絲釘又鬆了，作業老是缺交？老師如何出功課？家長怎麼配合？如何讓那些不寫功課的孩子變成「大英雄」？老蘇祭出三大策略，收服孩子愛玩的心！

開聊時，同事突然大叫：「天使班再也不是天使班啦！最近剛開學的他們狀況真多，得用力幫他們上緊發條才行。」

我笑著問：「怎麼了？不是才開學一個星期而已嗎？」同事沒好氣的回答：「就是作業啊，好多學生缺交。上學期全班都會自動把作業交到我桌前，一本也沒少。沒想到這學期差好多，像今天我竟然只收到十五本！」哦，原來如此。

行經教室走廊，常會驚訝的發現「怎麼黑板上密密麻麻的都是缺交作業的號碼？」在部落格裡，只要談到這個話題，也會引發老師們的熱烈討論。作業缺交的問題，真是老師心裡頭的一大痛處啊！

即便帶班多年，我每年還是得戰戰兢兢的面對這個問題，不斷思索：該如何讓孩子們更樂於完成作業？該如何讓孩子們交作業態度更積極？從第一年教書至今皆然。究竟，要如何改善班上嚴重的作業缺交情形呢？

重新界定寫作業的終極目標

首先，我們必須要先釐清「寫作業」的用意，究竟是為了什麼。寫作業，應該是要幫助孩子的學習。也就是說，我們相信寫完這份作業之後，孩子會對學習內容有更深入的了解，得到複習的效果，同時獲得學習的樂趣。說真的，每天出功課時我都會在黑板面前罰站好久，因為我必須要先說服自己：什麼樣的功課才能對孩子今天的複習最有幫助？而多少的功課量，才能兼顧「複習」及「體恤孩子課後補習的辛勞」呢？

作業量太多，孩子們怎麼寫都寫不完，於是有人乾脆不寫或隨便亂寫，造成老師批改時的麻煩。過多的作業，會讓老師們在「作業山」裡疲於奔命；作業量太少，孩子感受不到複習的好處，也容易失去學習熱忱。只是，抄抄寫寫的作業會讓孩子對寫功課這件事興趣缺缺，並視為苦差事；太難的作業，孩子會找自修或大人們求救，長久下來養成學習依賴的習慣。所以，出功課的首要條件就是兼顧作業的質與量。

我喜歡出的作業是，不會太難，但也可以用極高的標準來完成。每個孩子都可以用他自己的標準決定投注多少心力與時間，例如，我會要求孩子上課要做數學筆記，只要覺得對自己有幫助，就把這些上課內容記錄下來。這些數學筆記，不但可以做為回家時的複習依據，也能從「只是坐著聽的接受者」，轉變成「有意義學習的主動學習者」。

有一天，我在即時通上巧遇一位以前教過的孩子，她說她還珍藏著十年前所寫的自然科筆記。因為這本貼得厚厚的自然筆記裡，有著她認真學習的足跡，也是送給自己最棒的童年回憶！當然，老師還要喚醒孩子寫功課的熱忱才行。不厭其煩的告訴孩子：寫作業，是複習當天的上課內容；在寫作業的過程中，也能獲得更深層次的融會貫通。

前幾天我出了一項簡單的作業，請孩子們完成自然習作第一頁「搜尋星座的故事」。通常出這類的作業時，有些孩子只會依賴自修或是簡單寫幾個字敷衍了事。我對孩子們說：「這項作業要完成其實很簡單，只要字體工整、把每大題寫完就完成了。不過，你也可以用很認真的態度去完成它。例如，到圖書館查資料、上網搜尋圖片、列印或插畫……只要讓老師覺得你不是只花兩分鐘，而是花了不只二十分鐘才完成，老師就會對你佩服不已，也會額外幫你加分哦！」

有趣的是，全班約有一半以上的孩子表示，他們可是花了半個小時以上的時間才完成。這不過就是一項很平常的作業，但從被貼得琳瑯滿目的習作看來，就可以知道他們有多在乎這項作業了！

家長也應該重新釐清寫作業的意義。不要怕麻煩，不要丟一本自修給孩子抄；不可以直接投降，將孩子轉交給安親班；也不要一天到晚比孩子還緊張，在孩子耳邊不斷嘮嘮叨叨「這裡寫不對」、「那裡寫不好擦掉重寫」……這樣孩子將永遠學不會對自己的學習負責，也很難享受到來自學習的樂趣。

那麼爸爸媽媽們可以怎麼做呢？首先，你要重建孩子在家中寫作業的作息與環境。請和孩子溝通好，每天幾點到幾點是「學習時間」（不是「寫功課時間」），並且確實執行。在這段時間內，孩子應該主動完成學校及補習班作業。有剩餘時間，就主動找些課外讀物或補充教材來閱讀；千萬不可以說「我功課寫完了」，就大搖大擺的直接去看電視或沉迷電動玩具。

父母親們也要以身作則，在這段學習時間內儘量陪在孩子身邊，看些書、做些學習類的活動。這種「只陪不盯」的方式，孩子才會積極的面對學習，整個家庭因而沉浸在親子共學的樂趣中。

學習不該是孤獨的，同儕與團體的鼓勵反而會激發出孩子更在乎的學習態度。

在我的班上，是以小組為單位來繳交作業。孩子一來到學校，就要將作業交到組長桌上；組長將作業收齊後，放置於作業繳交區，並且上台登記缺交的號碼；最後，作業股長檢查各組是否確實進行收作業流程。該組若有確實收作業、登記缺交號碼者，當天可加二十分；若全組都交齊作業，則可寫上一個「全」字，並且加滿二十五分。

這樣的規定，會讓全班孩子對交作業這件事顯得興致高昂，尤其是剛實施的那幾個星期更是如此。所以老師要把握這段黃金時期，將效果延續下去。

小組裡會有作業長期缺交的孩子，但我都稱他們為「加分王子」。這幾個孩子，不列入該組扣分中，但是若經由全組的鼓勵後，這孩子將作業全數交出，該組可以寫上「全全」兩字，並且加到三十分。因為不影響扣分，這些孩子不是在全組的責難中自暴自棄，反而是在全組的期待中，變成拯救小組的大英雄。慢慢的，需要協助的孩子得到更大的鼓舞，也引發了他想要變好的強烈決心。

我們還可以在黑板上，寫上大大的「全班連續保持不缺交作業紀錄○○天」。每天若全班都交出作業，則往上加一天。老師和孩子們約法三章，只要全班連續保持不缺交作業紀錄超過十天，就可以辦些如同樂會、自助旅行……這類有益班級融洽氣氛的班級經營活動。不過只要有人缺交作業，就得重新再來過一遍。

可以想見，這十天內，當老師的我們可能都開心到飛上天去了。因為每一位孩子都把作業交出來，每一位都變成了人見人愛的小天使了！

拋出創意作業豐富人生體驗

我是個不按牌理出牌的老師，老是喜歡出一些怪作業。這些作業雖然看起來很怪，卻都其來有自，我是真心期盼這類作業能對孩子們有所幫助。

例如，我曾經出過「大笑三分鐘」的創意作業，因為我看到有孩子拿到考卷後便哭成淚人。我想要讓他們學會如何與自己的失敗相處，學會失敗時還能開懷大笑、還能勇敢的擦乾眼淚後再來一次。

我也曾經出過「煮一道菜給家人吃」的作業，因為大多數孩子回家後，只是當個「茶來伸手、飯來張口」的大少爺、大小姐。這項作業結束，有孩子在聯絡簿上留言：「我現在才發現媽媽真的好辛苦哦！又要上班、又要忙著煮飯，根本是超人。」

我也曾經讓孩子「和父母一起去工作一整天」，回來後孩子們的紀錄讓我忍不住紅了眼眶。因為有好多孩子真的完成了這項不可能的任務！有孩子在修車廠當起修車女師傅、有孩子去工地幫忙爸爸開挖土機、也有孩子跟著父母去夜市賣豆乳雞，甚至有早上四點就起床跟著父母去送報紙……。這些孩子不約而同的在完成作業後，說了一句感想：「我現在才明白父母工作的辛苦，以後我會更加孝順父母！」

我常在想，缺交作業這件事，反映的並不只是孩子單方面的讀書狀況而已。也許我們應該多著眼在孩子為什麼寫不完功課？以及，怎麼樣的作業才真正對孩子的學習有幫助？把寫作業的層次拉高一點，多重視寫功課的樂趣，這樣的學習才能相輔相成，讓孩子對學習持續充滿熱情！

12

營造融洽的班級氣氛

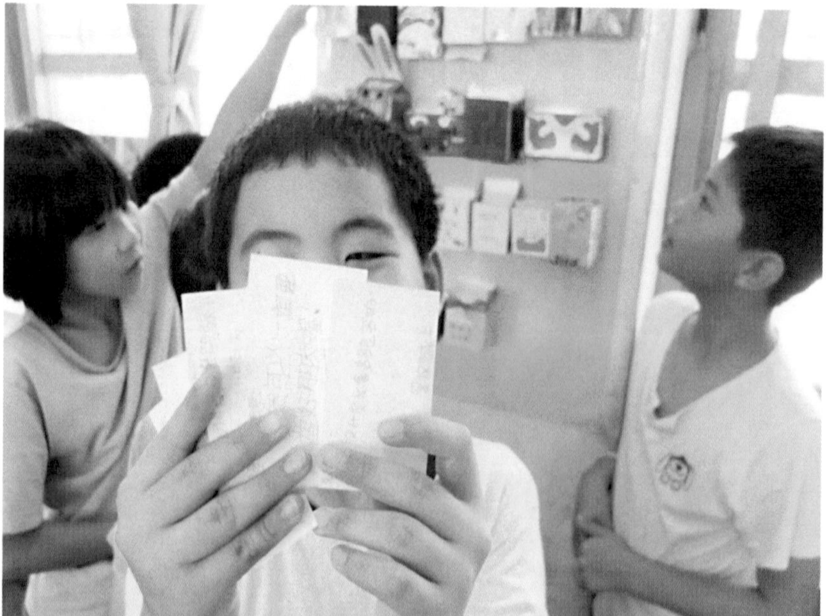

同學之間的相處影響著整個班級的學習氣氛，要孩子友愛不能只是口頭倡導，善的流動有方法可以啟動。

在一個班級裡頭，孩子們能否和諧相處，是影響班級學習效率很重要的關鍵！這學期擔任幾個班級的科任老師，對這點特別有感觸。有些班級在突發事件發生時，會用同理心來包容犯錯的同學，並且為這些同學求情，讓人見識班上濃濃的同學愛；有些班級卻是你怪我、我怪你的吵成一團，互相指責、漫罵的行為實在令人搖頭不已。

在班級氣氛好的課室中教書是愉快的。只要老師一個小指令，全班馬上能分工合作、有效率的進入學習情境裡。在一個吵吵鬧鬧的班級裡，光要維持秩序就讓人一個頭兩個大，大多數寶貴的上課時間都用在處理同學間的爭吵上，這樣的學習怎麼會有效率呢？

在日復一日的教學中，老師們常容易忽略到這一點。要孩子彼此相互友愛，並不是口頭說說就好，而是需要方法去引導

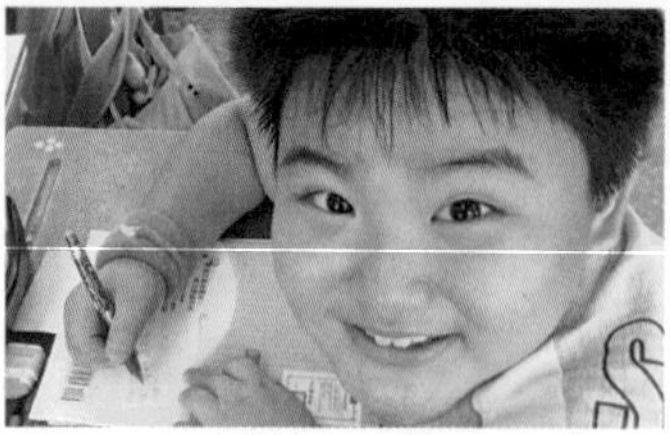

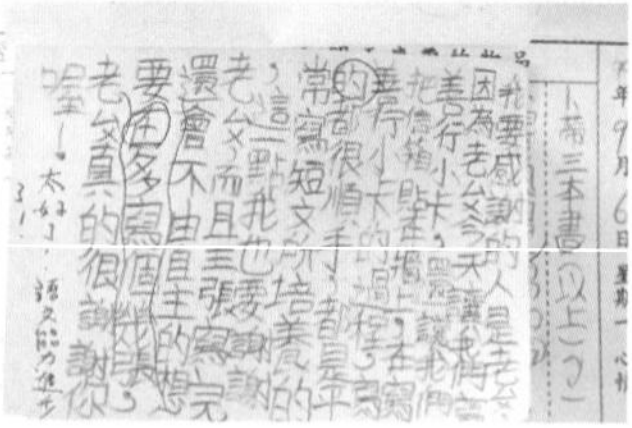

他們。也許我們可以透過一些小方法，營造出氣氛融洽、具有高度同理心的正向班級情境來！

善行小信箱創造心靈交流

課堂上除了鼓勵孩子發表之外，更重要的，是要他們學會如何去傾聽別人說話。

通常在教室裡，最常看到的真實情節是：當一位孩子在發表時，只有他一個人對著老師發表著老師已經知道的答案，其他孩子常是一副事不關己的恍神狀態；要不就是拚命舉手，希望老師能叫他發言。懂得傾聽別人說話，才能對別人的想法表示認同或提出不同看法，也才能對別人的立場表達出同理心來。

所以在我的課堂上，傾聽別人說話是很重要的學習歷程。我會在一位孩子開口說話前，就提醒大家：「待會兒老師會問你們這位同學說了什麼？」也會在這孩子發表完後，就進行加分活動——凡是能回答出剛才別組同學發表的內容，就能不費吹灰之力的為小組加到一樣的高分。

同時，我也會鼓勵孩子們只要有同學發表完後，就給予掌聲鼓勵；尤其是老師在為這組加分時，其他組別更要響起有風度的掌聲。只要是能在第一時間內真誠大聲的為別組鼓掌，就能為自己的組別加到極高的分數。反之，只要有噓聲或是喝倒采的情形出來，就會被制止，並且會害得自己的組別被扣分。

發表、傾聽、鼓勵，都是在課堂上要兼顧的三項學習項目。用這樣的方式長久訓練下來，我們的孩子才能真正傾聽到別人的真實想法、背後的故事，以及內心深藏的心意，而不只是聽到一個正確答案而已。

現代人習於大量使用資訊產品，連噓寒問暖都直接用電子信件取代了。但是這樣虛擬的人際關係，卻遠遠比不上收到一張手寫卡片所帶來的醇厚真實感動。

我希望，孩子們能透過書寫來傳達內心的情意。善行小信箱，算是我們班上相當老掉牙的活動，但是它卻帶來十足的影響力，因為它開啟了班上孩子彼此間心靈交流的管道。每當一開學，孩子們都會迫不及待的製作個人專屬的信箱。

做法其實很簡單，就是請他們將喝剩的鋁箔包飲料盒對剪，再將這半個飲料盒美化一下，就搖身一變成了全班彼此聯絡情感的個人信箱。接下來，我會規定當天有一項神祕的功課，就是「寫三張以上的善行小卡給同學」。

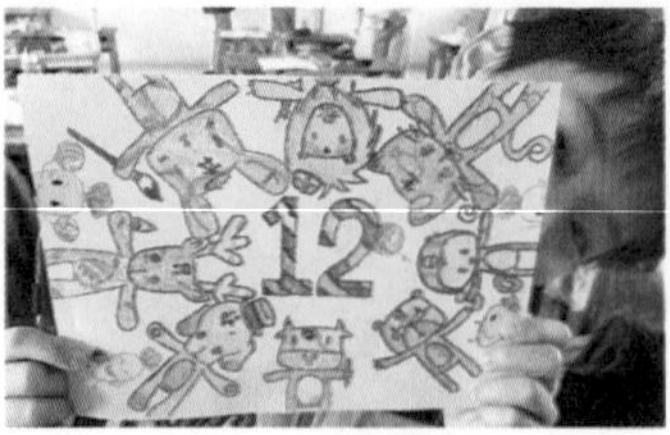

我說：「在這小卡片裡，你可以寫給想對他說話的人，像是想要感謝他、想跟他當朋友、或是想跟他說聲對不起……全都可以寫在善行小卡裡。如果用很真誠的話語在寫這張卡片，那麼收到卡片的人會感受到你的心意，甚至有可能會把這張卡片收藏一輩子！」

我也會在這些信箱旁邊，擺滿了無限量的空白小卡片，讓他們可以將內心的感謝源源不絕傳達出去。很奇妙的是，當孩子們啟動了這樣情感交流的活動後，就越加的投入。靜心寫著小卡的他們，臉上盡是認真而充滿真誠的神情。所有的感謝、鼓勵、加油打氣，都化身成一張張善行小卡片，在每個人的信箱裡閃閃發亮著。

就像孩子琪琪說的：「善行小卡的活動可以讓別人感動落淚，也可以收到讓自己落淚的卡片。這真是一件值得保留的回憶與禮物。」而這些真誠的心意，就像一股在教室裡流動的暖流，持續溫暖著每一位孩子的內心。

令人噴淚的生日禮物

班上有孩子生日時，除了全班對他大唱生日快樂歌之外，我們還能創造出怎樣的幸福感呢?在我們班上，會為每一位孩子量身訂作一張祝福感滿到爆漿的生日卡片。先請學藝股長設計美麗的賀卡，用圖畫紙影印出來；再用有顏色的影印紙印出生日小卡；將生日小卡剪下，每人寫上三十字以上的祝福，集合起來，就是一份最棒的生日祝福。

雖然才短短的三十字，還是可以達到我們想要傳達的溫馨感。我們可以這麼引導孩子：「你可以用『自己收到卡片時的期待心情』，寫下自己的深深祝福。可以寫出你和他曾經發生過的故事，或是稱讚他的優點、寫下一些平時都沒有機會說的內心話。重點是，不要只是寫『生日快樂』這四個字，要努力讓收到卡片的人感動到噴淚才行！」

每一位小壽星在生日前幾天，無不開始引頸期盼這張來自全班的大祝福。小豪的媽媽就在部落格裡留言說：「今年生日小豪拿回一張很特別的生日卡，內頁真是令人感動，裡面貼滿了老師及每位同學的祝福與真誠建言。老師的用意真好，每位同學將一張小紙條，用很用心、不做作的語言祝福小豪。這比收到花錢買的禮物更有價值呢！」

是呀，相較於臉書上制式的說聲「生日快樂」，我還是喜歡這種很傳統、很真誠的人際互動。做法簡單，卻充滿了濃濃的溫馨感！

班級裡頭最怕有小團體的產生，因為這會讓孩子把自己關在狹窄的交友框框裡，變得只在乎小團體裡成員的情緒，而忘了對這世界伸出溫暖的雙手。這主要是他們並不懂別人的好，也有可能是因為他們不懂得如何去和別人交朋友，因此我都會請他們和不熟的同學來一堂「聊天課」。要跨出去結交了新友誼，才有辦法去感受「人際關係是需要經營」的道理。

掌握了和人溝通的四點祕訣：用真誠的眼睛望著對方、用心傾聽、適當的肢體動作、適時的回應，接著就去找一位「很不熟的同學」，找一個舒適的地方坐下來開始聊天。我說：「聊天要像拋球一樣，兩個人都要努力，才能讓聊天的過程變成愉快的回憶！」

看著一些組別開始爆出笑聲來，於是我們進行第二輪的配對。「請你去找很不熟的『異性』同學！」此話一出，大家紛紛哇哇大叫。不過「練習」真的是學習很好的幫手，前一輪的練習，讓他們很快就投入了超 high 的聊天情境中。放學的鐘聲響起，大家還捨不得離開教室。很多孩子在走廊上邊穿鞋、邊朝著我說：「老師，沒想到和同學聊天會這麼有趣。」說這句話的孩子，正是班上一直因自我脾氣控制不佳、導致人際關係出了嚴重狀況的學生。

看到內向、沉默的孩子，能對著不熟的同學侃侃而談；或是看到人際關係極差的孩子，也能得到同學們真誠的對待；或是在聯絡簿裡被小群體排擠的孩子，終於也能笑顏逐開的找到新的聊天對象。這些都讓在一旁偷偷觀察他們的我，看得好感動。

原來，這樣的課程真的有實施的價值！透過這些與同學之間的交心活動，孩子們的關係更緊密、更和諧，也為他們純真的童年時光留下更多深刻的美好印記。

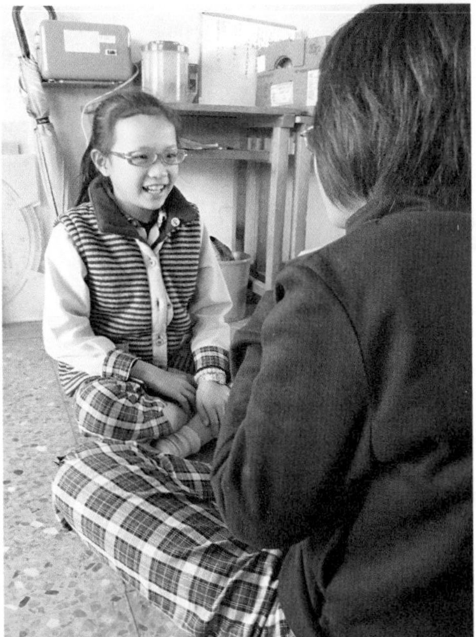

13

找回『叛逆孩子』善良的心

「叛逆孩子」真的壞嗎？如果成功進入孩子的內心，你將發現，其實他們一直在等一位懂他的大人，改變人生。

有一回我到一所學校，和老師們進行面對面的講座。在場的老師問了我一個問題：「班上有個很壞的孩子，每天欺負同學、惹出無數禍端，真讓我筋疲力竭……我也想要教好他啊，但是該怎麼做才好？」

於是，我說了一位流氓孩子的故事。在我教書的第二年，六年級某班有位號稱「流氓大哥」的孩子。為什麼這麼稱呼他？因為他每天總會闖出不少禍來，舉凡打架滋事、欺負同學、破壞公物、在校外惹事生非……。最特別的是，他身旁總有兩位「小弟」，在校園裡橫行霸道，好不威風。

每天聽他導師報告他的「最新動態」，其實我很想跟這孩子聊聊。某天放學後，恰巧遇見他，於是我說：「來來來，我們進教室裡聊聊天吧？」這孩子則是一副流裡流氣的樣子說：「老師，你不用說了啦，我都知道你們老師要說什麼，再見哦！」不過我還是拉他進我的教室。剛開始我試著和他套交情，我們之間有一句沒一句的聊著，他總是那副「你們大人都只會講那套」的樣子，不太搭理我。我只好自己一個人努力擠笑臉、炒熱氣氛。

過了一會兒，他突然安靜下來，臉上的笑容消失，換成一副古怪的神情，但還是堅持不講話，我只好繼續找話題亂聊。又過了好一陣子，突然，他用一臉嚴肅又認真的表情看著我，接著說：「老師，其實我何嘗不想變好，但是我沒有辦法。」我連忙追問為什麼。孩子說，因為他家裡本身就很複雜，自己不自覺會受到影響；另一方面，他在班上的「小弟們」也需要有人來扮演「大哥」這個威嚴的角色。

就在那瞬間，我突然懂了。原來，這種大人眼裡所謂的「壞孩子」，內心深處仍是渴望能變好的，期待有一天有人能對他們伸出溫暖的雙手。同時我也才明白，原來和孩子溝通是有分層次的。很多時候我們和孩子溝通，只有停留在溝通的表層；這時，孩子的態度是傲慢的、容易不當一回事的。一旦進入「深層溝通」的境界，孩子才會敞開心房，說出內心真正的想法，而我們之間的對話才會開始有意義。

這個故事說完後，我可以感受到現場瞬間靜默下來。也許是這故事讓大家重新思考了對「壞孩子」的定義，也許，是這個故事重新打動了老師們「想教好每一位孩子」的決心。

但是，接下來我就遇到這樣的發問：「蘇老師，這個故事讓我們好感動，但是，你所謂的『深層溝通』實在是太抽象了，究竟該怎麼做呢？」

的確，要和孩子達到深層溝通，確實有些深奧。尤其，面對不同個性的孩子有截然不同的做法，無法套用相同模式。

有一天我剛好遇到一齣狀況劇，所以試著以這個故事來和大家分享。上體育課時，我忙著幫一些孩子重測八百公尺跑步。這些可愛的四年級孩子，竟然嚷著他們不滿意自己的成績，拜託老師再給他們補考一次。我心生佩服的幫這些小勇士們重測跑步，並讓其他孩子去打躲避球。

想不到我才一轉身，就看到平時上課常規很差的小旻，搶了躲避球後拚命往前跑，其他孩子生氣的追著他，一群人又追又搶的跑了大半個操場。於是我只能請小旻先站在我身邊，暫停彼此的爭執。孰知他趁我不注意，一溜煙又逃走，繼續上演和同學搶球、發生爭執的戲碼。最後他生氣的推倒別人，一邊咆哮、一邊飆髒話……。

看懂孩子背後的故事

處理這件事，有千千萬萬種方式。但我想最重要的，就是老師內心應該要有願意看懂孩子背後故事的柔軟心。

聽到身旁的同學冒出一句「他又發作了！」我猜，小旻在生理上可能有些狀況，而且人緣肯定不好。因此，我打算用另一種方來教這孩子。

讓孩子正視自己情緒

於是我把他叫了過來，柔聲的說：「你看起來好像在生氣？」

小旻說：「沒有啊！」雖說沒有，他卻滿臉不屑，正眼也不願意瞧我一下。此時的他被憤怒情緒淹沒了。

我偷笑了一下，說：「有哇，你的嘴角下垂，嘴巴翹得高高的，而且還用斜眼瞪老師，這樣怎麼沒有在生氣呢？」被我點出生氣的特徵，小旻有些驚訝，但仍是一臉不高興的樣子。

釐清責任歸屬

我說：「但是老師要說句公道話，老師剛才看到你搶了別人的球，讓所有人氣到追你。而且你最後還打別人、罵髒話……對不對？」「對。」小旻沉默不語，勉強擠出一個字來，但我還是可以發現他有嚇了一跳的神情。

「所有同學都在看老師要怎麼處理這件事，如果你是老師的話，你該怎麼辦呢？」

「處罰我呀！」小旻一臉不在乎的表情。

試著消除負面情緒

「老師並不想為難你，反而很想幫助你。但是你現在這麼生氣，我們沒有辦法好好談。」

「請你把情緒穩定好，先坐下來，眼睛閉上，從一數到一百，我們再來好好說。」我試著給他一個穩定情緒的方法。小旻真的照指示做了起來，而我也趕緊安頓其他孩子，讓他們先去打球。

讓孩子說說心裡話

我問小旻：「你為什麼這麼生氣？」小旻說：「因為他們都不給我玩球，所以我就很生氣的拿走他們的球。」

「我想也是。所以你不要生氣，老師會讓你也有機會可以玩球。」我的語氣柔軟，試著表達出最大的善意。小旻點點頭，說也奇怪，他開始出現專注的眼神。

我把他帶到躲避球場旁，請他先坐好，這時他還真的耐著性子坐在我身後，等我把比賽規則講解好。

讓孩子有補救機會

不過這過程中發生一件小插曲。某隊的孩子因為沒有人要自願出去當外場守備，彼此吵成一團，比賽根本沒有辦法開始。突然，我背後怯生生的傳來一句：「老師，我可以幫他們當外場守備。」

「真的嗎？」我有點喜出望外的問，小旻不好意思的點了點頭。於是我扯著嗓門對這小隊說：「你看你們，每個人都只有想到自己，所以大家吵成一團，到現在都沒有人要出去當外場。」

大家都很不好意思的低下頭來。我繼續說：「現在，有位同學自願當外場守備，解決你們的問題，那就是小旻同學。」全班的孩子都望向我身後的小旻，他顯得有些不好意思。

給予孩子熱情讚美

我接著說：「你們看他真是了不起，自願擔任你們不想做的事，所以大家是不是給他最熱烈的掌聲鼓勵？」於是躲避球場上，響起如雷的掌聲。

躲避球賽開始了，大家都緊張的閃著呼嘯而過的躲避球。一個快速球飛過，小旻打中了內場一位同學，他歡呼著：「我打中一個人了！」開開心心的跑進內場去。

看著這孩子臉上的笑容，我的心情也跟著愉快起來。所謂的「壞孩子」其實真的不壞，許多偏差行為都只是在發出某種訊號。當有人真的願意去了解他們時，會發現他們展露出來的笑容，說真的還滿可愛的。

這些年和孩子溝通的經驗讓我明白，其實這些孩子都在期待遇到一位懂他的大人。所謂的「深層溝通」，最終仍是一種信任的歷程。如果你願意看到這些孩子背後的故事；如果你發現在溝通過程中，突然間孩子的眼神變得認真而明亮、表情變得柔和許多、語氣變得較為緩慢而低沉……，那麼恭喜你，你和孩子即將有一次美好的心靈接觸。好好傾聽來自孩子內心最深處的真誠告白吧！

Part 2

爸媽請注意

14

和爸媽的十個約定

老師和家長是孩子最重要的教育者。在老師的眼裡，期盼孩子有什麼樣的家庭教育？十個愛的約定，透露了讓孩子成長得更好的關鍵。

帶班多年，每回帶到新的班級，都希望能和這些新的家長達成一個共識——我們親師之間是「教育合夥人」的關係，應該彼此攜手合作，著眼於孩子的成長，而非始終處於緊張的對峙氣氛中。

孩子就像嫩綠的幼苗，應該在自由的空氣、和煦的陽光，以及充滿著愛的環境長大。在親師之間和諧的氣氛中，在親師共同溫柔的堅持下，孩子的行為問題才能有效得到改善。

為了讓孩子能在規律的環境中朝著更好的自我而成長著，我希望能和爸媽們訂下這十個愛的約定：

一、請不要用電視或電腦養小孩，不要讓他們隨時都盯著這些3C產品看。除非您想把孩子養成沒有思想、沒有求知欲望的玩偶。

經過高鐵的速食店，店門口坐著一家五口正沉默不語的吃著晚餐。而他們的小兒子就在人來人往的速食店門口大喇喇拿著平板電腦玩起射擊電玩遊戲。身在3C產品爆炸的年代，這樣的畫面隨處可見。很多爸媽覺得讓孩子看看電視卡通、玩一下平板電腦又何妨，畢竟孩子可以暫時安靜一陣子，而大人們也可以稍微獲得喘息的機會。然而這個問題的真實情況應該是：現在我們讓孩子多沉迷一分鐘電玩，等於讓他們與真實世界少了一分鐘的接觸，同時也會增加未來孩子因網路成癮而引發親子戰爭的問題。

我家蘇小妹才兩歲半的時候，就已經是智慧型手機達人了，不管是滑手機、開鍵盤鎖、拍照、找影片……她樣樣拿手；她會自己打開電視電源，告訴我們哪台卡通台的節目比較好看。小小年紀的她，讓我們見識到3C產品強大的誘惑力。

我們夫妻倆深刻反省著忙碌工作對孩子所造成的影響。於是我們開始彼此約定，要儘量多空出時間來陪孩子。我們把一套又一套的童書搬出來，和她講起天馬行空的故事；每週也陪著她去上音樂教室，滿足她旺盛的求知欲，並且相互約定不可以在餐桌上使用3

C產品……。一段時間下來，我們發現蘇小妹對於3C產品的需求變少了，更多時間裡她在唱歌、在畫畫，在對爸爸媽媽玩著好有創意的扮家家酒遊戲。

當父母的我們，總是希望孩子在待人處世時會有一顆溫暖、和善的心，那麼，首先我們就要和孩子一起戒掉對這些3C產品的倚賴，並且學習如何在和孩子相處時進行更多親密的深層對話。

二、家事教育很重要，愛孩子就該讓他們分擔家事，讓他們明白父母維持一個家庭的辛勞。最好，也把他們帶去工作場域瞧瞧。

很多爸媽怕孩子辛苦，只希望孩子乖乖讀書就好，所以許多家事都不願讓孩子碰。但是這種看似愛孩子的做法，其實卻剝奪孩子學習生活自理能力的機會，延後了孩子成熟獨立的時間點。和孩子一起做家事，是段很棒的親子互動時間。我很建議爸媽和孩子一起在家中做糕餅點心，除了有動手操作的機會，也可以讓他們動動手部的小肌肉，同時培養孩子的專注力與耐心；在食材調配過程中，更是數學能力應用在生活中最好的練習。

大人們在辛苦工作時，也應該讓孩子親眼見識，甚至讓他們一起來幫忙。我班上有孩子家中開修車廠，四年級起他就開始幫忙修車；晚上父母工作忙碌，他自己會去廚房煮好晚餐讓全家人享用。這孩子在學校裡的表現十分沉穩懂事，看待事物也比其他孩子更為豁達、充滿感恩心。然而，我也有另外一位孩子，他的爸媽都在工地打工，每天工作機會相當不穩定，但是爸媽堅持「留給孩子最好的物質生活環境」。然而爸媽這樣的心意，卻造成這孩子一天到晚出手闊氣、下課後四處遊蕩，作業不想寫就用欺騙的方式來混過每一天。

愛孩子，就不應該讓大人們自己辛苦、孩子獨自享福；愛孩子，就不應該怕麻煩而自己做完所有的事；愛孩子，就應該不讓他們有畏苦怕難的逃避機會，這才是真正愛孩子的表現。

三、作業千萬不要讓孩子抄，要讓他自己靠自己的頭腦寫完作業，即使寫錯了也沒有關係。

面對孩子交來的作業，最讓我感到相當困擾的一點，就是有些孩子的作業總是用抄的。有位家長很有意思，當我委婉的指出「孩子的作業全都是用抄的，希望爸媽能幫忙協助孩子改過這個習慣」時，這位媽媽就會大吐苦水的說：「老師你不知道啦，我兒子在家

啊！

裡都不會主動寫作業，逼他寫就要在一旁盯很久，而且有些作業難到連我都看不懂，我只好讓他抄自修啊！」我只好不厭其煩的和這位媽媽溝通：「沒關係，你就把『教』這件事放心的交給我，但是你必須要讓孩子靠自己把功課寫完，不可以再讓他抄作業了，我才知道他不懂的地方究竟在哪裡？而且，一定要讓孩子主動複習當天的上課內容。這方法雖然是老生常談，但是時間久了就會發現效果十分驚人。」

抄作業畢竟只是手動、眼動的機械式反應，學習效果很難進入到大腦裡。不但會讓「寫作業是為了提升學習成效」的用意大打折扣，長久下來也會讓孩子對學習失去了興趣與自發性。

四、不愛讀書、行為出現偏差，大多是因為孩子沒有規律的作息。教孩子訂定專屬於自己的每日學習作息表，溫柔的重建他們的生活作息。

我有幾位不愛寫作業的孩子，他們的理由經常是：因為前一晚跟爸媽的朋友在外面吃飯、喝酒到很晚，所以回家後沒時間寫作業。看著這些孩子臉上委屈的表情，於是責備的話又吞回肚子裡。

很多這類的孩子，剛開始是沒時間寫作業，到後來是因為積欠太多作業、被唸到臭頭了，乾脆懶得寫。孩子需要有規律的生活作息，這是孩子心性穩定的重要因素之一，我們大人要以身作則，千萬別任意破壞了這些規律。

去年一整年，我們為了培養小姪女規律的生活作息，擬定了一張「每日學習作息表」。這張表格洋洋灑灑的列了一大串：什麼時間點小姪女該完成什麼事。不過很快的我們就發現這張作息表問題多多：第一，這張作息表是從我們大人的角度來擬定的，而非孩子心裡想要的作息表；第二，項目太多，時間被切割得太細碎，很難每一項都做完；第三，動作很慢的小姪女，光是寫完學校功課就花了好久時間，如果當天晚上又有英語補習，根本就是三更半夜才能上床睡覺。

所以比較好的做法應該是：這張「每日學習作息表」必須是從孩子的出發點來擬定的，必須和孩子討論過、達成共識後，孩子才會認定這是他自己訂出的作息表，才是比較容易落實的計畫。作息表訂定好了，務必讓孩子按照計畫執行。剛開始執行總是格外辛苦，所以父母親的鼓勵與正增強絕對是關鍵。在父母親溫柔的堅持中，時間一拉長，孩子才能將這些表格上的文字真正內化成日常生活中的一部分。

五、寫作很重要，閱讀很重要，算數學也很重要。所以，每天要留給孩子一段「自我學習時間」，千萬別把孩子放學後的時間塞得喘不過氣來！

我常在晚上九點多還看到好多孩子仍身著學校制服、背著書包剛要回家。這些孩子真的快樂嗎？他們真的能達到大人們所預期的成效嗎？

我會在班上留了很多的「自我學習時間」，讓孩子們在這段時間內規劃自己的學習素材與進度。我發現，當孩子們沉浸在認真學習的氛圍裡時，他們自己都會大嘆時間怎麼過得那麼快？

在家裡，父母也應該留給孩子一段「自我學習時間」，讓他們可以寫作、閱讀、算數學、學英語⋯⋯。寫作之所以重要，是因為寫作能夠訓練孩子深層的思考，整合思緒，將語文能力融會貫通；閱讀，能加深、加廣孩子的語文能力，激發創造力；數學，是每天需要投注時間去學習的，得靠孩子每天去和它親近，別人幫不了他們⋯⋯。孩子單是每天把這些事情做好，就得花去好多的時間，塞進再多的學習也負荷不了了。

這讓我想起最近和家中務農的同事聊天，他告訴我，他家在平地也可以種出香甜的水蜜桃來。除了品種及栽種技術是獨家祕方外，更重要的要經過「疏枝」的過程：大刀闊斧的摘掉多餘果實，在枝頭上只留下固定數量的果實，如此水蜜桃才能有足夠的空間與營養，長得又大又香甜。

對待我們的孩子也應該是這樣「疏枝」的態度。我們必須留給孩子足夠的空間與時間，讓他們能夠自由的生長、自在的呼吸。如此，他們才會在適切的時機裡開出芳香的花朵、結出充滿智慧的果實來。

六、不要和孩子談條件，例如，「考九十五分以上獎賞一百元」、「做一件家事二十元」、「讀兩小時書就可以玩半小時電玩」……。孩子會完全忘了其實這些都是他們應該做的本分。

一群孩子趴在我的辦公桌前，大聊特聊著考試過後誰的「好處」可以得到比較多？孩子甲說：「好可惜哦！我這次沒有考到一百分。我媽說每一科如果考到一百分，都可以領到一百元！」

孩子乙說：「我媽說，如果我考前五名，就讓我買Wii。」

孩子丙說：「是哦，我媽說這次成績進步，可以允許我每天多一點打電動的時間；如果成績退步，要扣我的零用錢。」

聽著這些孩子在談論著各式各樣的獎賞，心裡忍不住嘆了一口氣。這些孩子對讀書這件事的動機，正不自覺的被大人影響著。當孩子只在乎著考試過後的獎賞，而非該如何用心的準備考試時，孩子就會慢慢的把讀書變成是為大人而讀的苦差事。我的另一位家長這麼說：「沒辦法啊，如果不跟孩子談條件，他自己根本就不會去讀書。」這就是一個孩子的胃口被養大的例子。一旦開出的條件無法滿足孩子時，他們就會全然忽略讀書的意義及所帶來的樂趣。

孩子的獎勵，並非來自外在所給予的，而是來自於自己本身所感受到的快樂。我們應該教他們去體會，認真做一件事情之後從心裡散發出來的深層滿足感。孩子應該為自己訂下自我獎勵的項目，例如為自己留一段時間讀一本好書、寫一封信給自己為自己喝采、和爸媽來一場電影約會……。當孩子是從自己的角度來給予自我獎勵時，他們才會懂得分辨做這件事的意義是什麼，以及什麼才是心靈上真正的快樂！

七、成績不是唯一，現代社會裡有很多成績好、但品行糟糕的孩子。未來的工作不是留給成績好的孩子，而是留給會做人、頭腦靈活、且充滿創意的孩子。

每回去參加完各屆的畢業同學會，回來後都有一種深深的感觸：用生命的長度，來觀看孩子的發展，就會驚覺每個孩子長大後，都和我們當初所猜想的完全不一樣。有好多個國小成績優異的孩子在人生各個競賽中敗下陣來，用玩樂和逃避來掩飾心中的不安；而有些令人放心不下的小娃，卻也用著自己的方式，一路跌跌撞撞的，去品嘗人生的精采百態。

教書的時間拉得越長，就會發現其實該在乎的應該越不一樣。該在乎的是孩子的一生，而非眼前一分兩分、雞毛蒜皮。孩子的未來，真的不是現在就能計較得來。我看過「小時候被爸媽強押著什麼事情都不可以做、什麼事情都不用做、就是乖乖讀書就對了」的乖孩子，當他們長大後有能力可以遠離爸媽的監控時，就逃得遠遠的，一天到晚賴在大學宿舍裡狂打電動、翹課睡大頭覺，即便被退學了也一副無所謂的樣子。

爸媽們若真該用心計較，應該是孩子的能力、品格和心靈的養成。那才是陪伴他們一生、從心底不斷生出的勇氣來源。

八、老師，其實是您的「教育合作夥伴」，而且最多也只有短短兩年而已。親師之間需要誠懇的溝通，而不是意氣之爭。

教書教久了，什麼類型的家長都遇過。我曾遇過在我面前大聲咆哮、隨後甩頭就走的情緒化家長；也遇過許多總以敬重態度來面對老師的優質家長。對於這些優質家長，我總是心生感激，感謝他們所給予的尊重，同時我也會更加以禮相待。我們約定好親師雙方要共同合作，一起欣賞並讚美孩子的優點，一起協助孩子解決他所遇到的問題。

至於那些情緒化的家長，他們的孩子我反而加倍疼愛，因為這些孩子夾在我和家長中間，其實是左右為難的。而孩子畢業後當我再遇到他們的家長時，我可以用充滿自信且堅定的眼神迎向他們，因為我確定自己在那兩年內用盡全力、問心無愧的教導他們的孩子，而我也發現這些家長們的臉上則多了份尷尬的神情。

我常覺得親師之間是一種緣分，應該是共同教育夥伴的關係。畢竟短短兩年過去後，老師想要再指導孩子的機會十分有限。親師之間不該是意氣之爭，而是需要誠懇的溝通。如果您覺得和老師之間很難溝通，就該更誠懇的持續和老師溝通，直到老師不會誤解您的意思、而能虛心接受彼此的意見為止，那才是真正的溝通。

您越尊重老師，老師越會對您的孩子掏心掏肺，這才是親師生三贏的局面。

九、對孩子碎碎唸是沒有用的，不如拿張紙，讓孩子把事情的經過寫下來、把做錯的原因寫下來、把爸媽對他的關心寫下來……。沉靜下來的孩子才會有智慧，才會懂得父母的真心。

幾年前我突然恍然大悟，原來我的帶班風格跟「寫作」有著密不可分的關係。我除了每天讓孩子大量的創作短文外，連做錯事後，也讓他們用「寫」的來好好反省一番。透過教導孩子書寫的歷程，我發現一件很有意思的事情：當孩子犯錯時，如果直接對他們訓話，他們反而會沉默不語，問老半天也問不出所以然來，臉上還會有著古怪的臉色；需要花更多的時間，才能確認他們是真的懂得我們在說什麼。

孩子的心態真的是很有趣，當他們做錯事被罵時，有些孩子會覺得「好吧，我為這件事情付出代價了」，也有孩子會覺得「反正我再忍一下，就能挨過這頓罵了」，因此他們始終沒有自己對這件錯事好好的反省一番。如果是讓他們去書寫後再來對話，先寫下這件事情裡自己做錯什麼、如何彌補、下次如何預防，就會發現他們的文字裡充滿了歉意。

安靜的書寫，讓他們找回內在的智慧，毋需多說什麼，他們就教懂了自己該如何去面對自己的錯誤。

有網友和我分享：「我真的有把你的話給聽進去，昨晚我讓讀大班的女兒寫下了她生平第一次的『反省單』囉，感覺挺有趣的……。」能得到這樣的回饋真是令人開心。我們得讓孩子先和自己對話過，再來進行親子之間的溝通。否則等到孩子都被罵皮了、被罵壞了，要想再和他們建立所謂的溝通管道，那就難上加難了。

十、請不要說「我沒有辦法和孩子溝通」，也不要說「我管不動孩子了、隨便他愛怎樣就怎樣了」，這樣的說法，只會讓孩子心裡失去了在乎的心，他只會更加的為所欲為。

我有位偏差行為相當嚴重的學生，不但常逃學、偷竊、離家出走，霸凌同學也時有所聞。我時常在放學後載著他回家，以確保他不會再去和中輟生鬼混；也常去孩子家把他挖起床載到學校上學。有時候我和學校主任得到警局探望他、載著他去和黑道大哥斡旋……。這些事情，常讓我感到沮喪不已。

每回當孩子闖下大禍，孩子的媽會淚流滿面向我道歉，有時卻也冷冷的說些喪氣話：「老師，算了啦，我管不動他了，隨便他去了，我現在只希望他趕快被關起來，免得再去傷害別人，這也算是為了他的安全好……。」這些話讓我深刻感受到孩子內心裡的痛楚，這孩子會這麼放棄自己不是沒有原因的。

我不斷的向這孩子的媽媽打氣：「這孩子會做出這麼多的偏差行為，最主要的原因是你們不斷的暗示他：『你很壞，大人們都拿你沒有辦法，也對你絕望了！』所以他才會對自己的所作所為毫不在意，因為連他自己都看不到自己的未來了。但是，全天下有能力喚回孩子的人，就是您而已。您要有無堅不摧的決心，去喚回您的孩子。因為，您是他最在乎的爸媽。」

孩子畢業後，因為大案件而上了社會版新聞，然而在事情落幕後，孩子和他媽媽一起打電話給我，電話那頭的媽媽說：「老師，我要謝謝您，一直以來，就是您對這孩子最不放棄，一直給予我們很多協助。」我在路旁停下摩托車接聽電話，兩年來的點點滴滴像電影畫面般快速的流過眼前。而孩子也接過電話，一句「老師，謝謝您」霎時間讓我紅了眼眶。

親愛的爸媽們，別對您的孩子放棄，也千萬別對他們說喪氣話。我們不是束手無策，只是還沒有找到和孩子對話的方式。您要相信自己：我們有堅決的信念，我們能為孩子做的還有很多、很多。

15

自助旅行，讓孩子成長的有效方法

坐火車、搭公車，這個暑假可想過和孩子來場自助旅行？由孩子規劃行程、自己開口問路、自己掌握支出，這樣的旅行將帶給他們真正探索世界的勇氣。

我是一個愛「趴趴走」的人，也常在假日帶著孩子們自助旅行。看著孩子們在陌生的城鎮裡盡情探索、臉上堆滿笑容時，自己常在這樣的過程中感動不已。

我的做法很簡單，就是讓孩子自己設定一個想去的地點，藉由公車與火車這些大眾運輸工具，齊心協力把自己送到最終目的地。當然，一路上肯定困難重重，但這是培養孩子耐心與能力的最好時機。

家長其實也是孩子最佳的指導老師。曾看過幾位家長嘗試帶自己的孩子去自助旅行，這沿途所發生的故事點滴，相信都將成為他們親子間深度的心靈交會片刻。不妨利用漫長的暑假，大家一起來動動腦，帶著您家中的寶貝們來趟幸福感百分的親子自助旅行吧！

事先做功課，讓孩子有懷抱夢想的能力

每一回自助旅行出發前，我都會讓孩子在家裡先做好功課，出發前必須要先蒐集足夠的

資料、規劃好自己最想去玩的行程。

您以為讓孩子去規劃行程是件容易的事嗎？不不不，其實這才是最困難的部分。大多數孩子前來集合時，都是兩手空空，沒有任何想法；或是帶來了一個很不切實際的旅遊地點；有的甚至是父母都幫他們規劃好了所有的路線。爸媽們要如何教會孩子擬定旅遊計畫呢？首先，我們可以先請孩子設定幾個較近的地點，並請孩子寫出相關的配套景點；再請孩子條列出適當的交通工具、來回車程時間，以及車資花費等旅遊資訊。

當孩子在提出旅遊景點的初步想法時，爸媽不要急著否決孩子的想法，因為這正是很好的親子對談時機。我們該做的，是用肯定的語氣來欣賞他們所提出的意見，並且給予建議，讓這些意見修改成可落實的方案。教會孩子如何擬好計畫，就可以讓孩子逐步擁有懷抱夢想的能力。

行前形成共識，有助於孩子與人溝通協調

每一回出發前，我都會讓孩子們在校門口討論出遊行程。不過通常我們都會在校門口待上半小時、甚至更久。因為大多數的乖孩子，不善於表達自己的想法，所以即便是十個人加起來，還是沒有太多想法。

在這段期間，我只能退得遠遠的，耐著性子等他們完成討論。有時我會藉故去上個廁所，有時去看看風景；偶爾我會晃過去聽他們在討論什麼，順便給點小建議；然後又藉故離開去看風景、上廁所。孩子正在學習如何與人溝通協調，這麼重要的課程，我想我不該去驚擾他們。

親子自助旅行也是如此，行前必須全家人一起達成共識。大家都可以表達自己的意見，但也在彼此設身處地的包容中，協商出最棒的親子旅遊行程。

我也建議爸媽們可以在這趟自助旅行中，多邀請一些孩子的同伴來加入，也許是孩子班上的同學，或是孩子的表兄弟、堂姊妹。多了不同的旅行同伴，就會改變原先一家人出遊的氛圍。孩子有了可以討論問題的對象，行程也會變得更有新鮮感。

旅費支用紀錄，訓練孩子管理金錢的能力

您可能很難想像，這一天的行程下來，要坐公車、坐火車、還要吃午餐，班上孩子頂多花了一百多元而已，甚至還有很多孩子控制在一百元以下。因為我請他們詳細記錄每一筆花費，而孩子們也在偷偷比賽著：誰是最懂得開源節流的聰明人？

爸媽們可以在行前和孩子討論應該帶多少錢出門，並且將這筆錢交給孩子自己去管理。請孩子帶著皮包及記帳表，接下來的一天中，不管是坐車、吃飯、買門票或買飲料，都讓孩子自己來支付這些金額。您會發現，原本總是嚷嚷著「要喝飲料、吃昂貴午餐、想買一些奇怪不實用紀念品」的孩子，突然安靜許多。因為隨著皮包裡的金額越來越少，他們就會開始思考「什麼才是這一天裡最迫切需要的花費」。

路長在嘴巴上，培養孩子解決問題的能力

既然是孩子自己的自助旅行，他們就必須靠自己的力量到達預定地點。我總是不厭其煩的和孩子們說：「這是你們自己的旅行，要靠自己的力量去完成。別忘了，路是長在笑容可掬的孩子的嘴巴上面！」

讓孩子去問路，真的是一個很好的訓練。當孩子開始敢開口問路時，他們探索世界的勇氣也會因此被打開；當孩子懂得笑容可掬、以低姿態去問路時，他們未來的世界也就會更加寬廣。

所以，當孩子著急的問您：「接下來該怎麼走呢？」別急著回答他們，請用微笑而堅定的眼神，暗示著他們該自己去問到正確的路人、找到正確的道路。暫時陷入困境，才會

讓他們有機會展現出平時我們所看不見的解決問題能力。

適當的退居幕後，給孩子勇敢面對的機會

我曾經在火車站前，陪著班上孩子繞遍了四間客運公司，等他們終於無計可施時，才開始有孩子去問路、問到了正確的路人。當我們終於坐上往鹿港的公車時，已經在台中市火車站前來回走了將近一個小時。

而我總是默默的跟著他們後頭，心臟很有力的看著他們犯錯，然後再看著他們從錯誤中找到正確的答案。這就是我教孩子的原則。我們總要放下想安排孩子所有事的操煩心，孩子才會真正開始長大。

爸爸媽媽帶著孩子出門，一定會遇到千奇百怪的事情，於是孩子的情緒就會出現，開始要賴、抱怨，甚至哭鬧或哀求。很多時候這一招都會成功，因為大多數的爸媽們都會覺得麻煩，乾脆幫他們把事情解決掉。但是，當爸媽的人一定要懂得適時放手的智慧，適當的退居幕後，給予他們信任的眼神就行了。買公車票、搞懂地圖的方向，甚至開口點餐，都必須由他們自己出面去完成。畢竟，這些都是他們未來極重要的生活能力；多做幾次，孩子就不怕了。

安全的守護者，訓練孩子隨時注意己身安全

親子自助旅行的這一路上，能學到的實在是太多了。其中，安全就是一項重要的學習。

走在路上，有好多事情要注意，例如，在馬路上行走時，要走在白線外側；過馬路時，要眼觀四面、耳聽八方，並且在大人的口令下，以「快走不跑」的方式，快速通過馬路。旅行中，孩子可以盡情去探索，不過要事先徵求大人的意見，有危險的活動一律不行。

我曾經遇過已經六年級了、還不敢自己一個人過巷子裡馬路的孩子；也遇過在大馬路上追逐嬉戲，不把安全當一回事的孩子。因為平時這些孩子總是被接送上下學，也因為爸媽們的擔心，讓他們失去了與真實世界接觸的機會。因此，我們就要多多創造「在安全範圍裡讓他們能注意己身安全」的環境，讓孩子來向我們提醒：「有大車來囉！……過馬路了，專注點！」隨時留意安全，也是很重要的察覺力訓練之一。

一步一腳印，探索在地文化與生活之美

為什麼我堅持這些自助旅行一定要搭乘公車或火車?因為我希望在沒有冷氣伺候、沒有專車接送的不方便中，讓孩子藉由一步一腳印的方式，以悠閒的步調重新去體驗這塊土

地所蘊藏的文化與美麗。

所以，我的學生會蹲在路旁，只為了輕輕吹散那滿天飛舞的蒲公英；也會在長長的廢棄鐵軌上開懷高歌；他們會因為路旁小雜貨店裡的冰棒而開心不已；也會在路旁拾起一隻紅姬緣椿象而感動萬分。這都是因為我們的旅程回歸到最簡單的狀態，因而感受到生命最直接的震撼。

相信在這樣優閒且深度的探索中，孩子會開始體察到原先不曾留意的生活細節；而爸媽們也能藉機當孩子的放大鏡，為他們解說這些在地文化獨具的深遠含意。於是爸媽和孩子開始有了交談的話題，親子間的距離無形中被拉近許多。

讓孩子規劃自己專屬的自助旅行，除了是讓孩子成長的有效方法，同時也是建立親子間親密感的最佳機會。所以，不妨趁著夏日風光明媚，帶著孩子一同來一趟感動滿滿的親子自助旅行吧！

請注意後方來車

親師SOS

15 自助旅行，讓孩子成長的有效方法

16 找對方法，數學不可怕

「你怎麼會這麼笨，連這種問題都不會？」許少家長看到孩子數學不好便緊張不已。「數學不會算」有三種情況，找對問題才能根本改變。

來到這間傳統的電器行，走進店裡只見一位媽媽和女兒坐在櫃檯前。還沒開口說明來意，就感受到一股濃濃的肅殺之氣。

我拿出待修的小家電表明來意後，媽媽大聲喚了聲：「老闆，有人要修東西。」接下來，母女兩人又繼續對峙在櫃檯前。

「唔，應該是老闆娘的女兒犯了什麼滔天大罪吧？」我被那股驚人的氣勢逼退了兩步，心裡這麼嘀咕，並且有些尷尬的繞過她們，到後頭去找老闆。

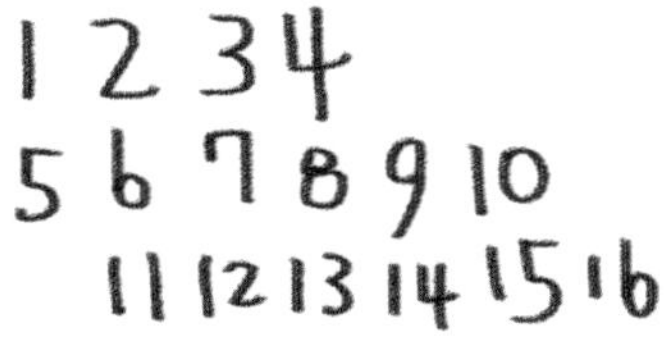

「為什麼連這題都不會？」身後的媽媽開始大聲咆哮，害我跟老闆之間的談話也被打斷，講得結結巴巴的。

「原來是課業上的問題啊？」我的眼角餘光瞄到這位媽媽正指著一本作業簿。不過，這一、兩天不是才剛考完期末考，正是開心迎接暑假到來的時候，怎麼馬上就有數學作業了？

「你怎麼會這麼笨，連這種問題都不會？」這位媽媽顯然氣壞了，罵到連我在場也忘了。

這位媽媽繼續開罵：「老師不是在學校都有教過嗎？為什麼你還不會？」這位女兒看來應該是國小三、四年級的學生，從頭到尾不敢吭聲。

「氣死我了，我不教了，你自己寫，把它給我寫完！」最後，媽媽手環抱著胸前，氣呼呼的丟下這句，只留下在櫃檯前抽抽噎噎的小女兒。

離開了這間店時，我嘆了一口氣。這位可憐的小女兒最後還是沒有被教懂，她大概也沒有辦法自己完成這些數學題目。而且，我想長大後的她，一定恨死數學這個科目了。

算一次，就知道問題在哪兒

我有不少學生只要一聽到要拿數學問題回家問爸媽，便滿臉緊張、瘋狂搖手說：「不可以。」這主要是因為只要被發現寫錯了，就會被碎碎唸好久，甚至有時候爸媽還會教到氣血攻心，所以還是選擇「裝懂」就好。

其實，我自己也一直在修正如何協助孩子數學補救教學的方法。最近我發現，教孩子數學，應該是先找到他們學習的困難是什麼；診斷出學習瓶頸，才能夠對症下藥，成功教懂孩子如何算數學。

所以，當孩子前來問我數學時，我會請他帶著空白計算紙或小白板來，請他從頭到尾算一次給我看。小白板能夠展現演算數學的完整歷程，在上頭寫上大大的數字，心情也會很好，是我教數學時很喜歡利用的工具之一。在小白板上一整面的演算過程中，可以輕易發現孩子究竟是哪裡出了錯。

通常「數學不會算」的第一類型孩子，是他們根本就看不懂題目，被長長的文字給困住了，所以，看到數字就隨意做加減乘除的計算，而且只算一半就自我感覺良好的以為做完了。所以，我們應該教孩子的是如何將題目化繁為簡，如何判斷哪些句子是關鍵句、哪些句子又是無意義的句子，可以略過不用；教他們如何在這些關鍵的數字中找尋隱含的線索，並且試著將一大串國字轉換成只用數字表示的簡易句型來。

「數學不會算」的第二類型孩子，是他們的公式或原理只學到一招半式，因此在列算式時就會東缺西漏、算式混亂不堪。例如在算圓面積時，明明應該用「半徑×半徑×3.14」，卻用「半徑×2×3.14」來列式。這代表孩子仍然身陷在圓面積和圓周長的愛恨情仇中而不能自拔；算路燈或行道樹題型時，怎麼算都無聲無息的少了一支，這是因為孩子總是死記該加一或減一，不是真正用間隔數的觀念來觀看題目的發展。

「數學不會算」的第三類孩子，則是在基本演算上就出了錯，他們連加減乘除、通分約分、單位互換……都會算錯。這就是積習已久的大問題了。這類孩子算得太少、做數學習題時只用「看的」，所以在考試時就會理所當然的算錯了。所以，我們得重新回到原點，多出些練習題讓他們打好基本功，不斷的做些基本演算，直到他們不會再輕易的「粗心算錯」為止。

重點是，當我們解說完這題數學後，應該要讓孩子重新再說一次怎麼解這題數學，以及為什麼要這樣解？不是讓他們複誦我們所說的話語，而是用他們自己的口吻、一個步驟接著一個步驟，用「說」的來解題。

我的小六姪女是一位認真讀書、在課業表現上會自我要求的好孩子，所以她都會坐在書桌前努力的寫著數學評量，偶爾也會主動來問我數學題怎麼算。不過，她總是安靜的聽著我講解，聽完說聲謝謝後，就安靜的飄回她的書桌前繼續和功課奮戰。

我很好奇她所謂的「聽懂了」，是真的理解了嗎？於是我會問上一句：「那你可不可以自己說看看這題該怎麼算？」於是小姪女會複誦著我的解法：這裡該加那裡，再把兩者平均，再把……不過說著、說著，話就卡住了，因為她的解題又變成了原來的錯誤算法了。

以為聽懂了的題目，自己不見得就會算。因為這往往只是複製別人的解題法，卻沒有真正去理解這個題目在問什麼、該用什麼方法來解。所以，再遇到同一個題目時，還是會犯下同樣的錯誤來。這就是為什麼很多孩子明明花了錢去補習班，數學還是學得很差的原因。因為他聽得太多，而自己算得太少；腦子裡只有別人的算式，沒有自己對這題目的理解。

說不清楚，代表他還是不懂，大人們得從他說不清楚的地方再解說一次，一次又一次的讓他講解，直到最後孩子終於說清楚了，才代表他真的懂。這時，再讓他把紙上的錯誤算式擦乾淨，重新自己再算一次。剛開始，這樣讓孩子「說」的指導方式一定會很辛苦，但只要持續的訓練與要求，當親子之間有了一定的默契與節奏時，孩子就會更快速掌握題目的內涵，指導起來就會更輕鬆了。

多鼓勵激發自學力

不過還有更多的孩子，是對「算數學」這件事一點興趣都沒有。這主要是因為孩子長久以來受到太多來自於數學這科目的打擊了，有的孩子乾脆放棄、大呼「不玩了」，有的孩子則是苦著一張臉，手上算著數學，心裡頭卻懼怕著數學。

所以，我們得先把孩子學數學的興趣與動機找回來，而父母的態度絕對是關鍵。批評的話語會打斷親子之間的對話，而責備的語氣會讓孩子喪失了自信，將學習更拒於千里之外。

我們應該用正面積極的鼓勵話語，來支持孩子學習的意願。當孩子發問時，我們應該鼓勵孩子：「真棒，你有不會的問題會主動發問，媽媽很開心哦……。」當孩子怎麼教都教不懂時，我們可以說：「看來這樣的解法，你好像還是摸不著頭緒，沒關係，這題目還有另外兩種解法，你覺得哪一個最適合你呢？」當孩子考差時，我們先不要斥責孩子，而是讓孩子說說心裡的感受：「看到這樣的分數，你有什麼想法？……不用太難過了，爸爸看到你這次考試真的盡力了……。」

很多家長表示：「孩子的數學越來越難，我都看不懂了，我在家要怎麼去指導孩子呢？」其實，這並不是爸媽看不懂孩子的數學，而是沒有養成陪伴孩子學習的習慣。因為平時沒有陪伴孩子溫習功課，所以無法掌握孩子的學習程度，很難在一時片刻中進入到解題的情境裡。反之，雖然我們沒有辦法直接對孩子提供最精確的解題方法，但是經由我們隨時在旁的陪伴與提點，卻是讓孩子對學習這件事持續保有耐性與態度的最佳關鍵。

在家指導孩子課業，轉換一下心情與做法，就會是一段很棒的親子互動時間。這可是上天獨厚我們、所給予我們最美好的親子禮物。暫時放下工作上的情緒與繁忙家事的疲累，用微笑來「享受」孩子每一階段不同面貌的學習成長吧！

17 三道考驗磨出好習慣

想為孩子建立良好的生活習慣，卻常找不到方法？老蘇老師利用寒假對小姪女使出三道考驗，在過關斬將中小女孩漸漸起了好的轉變。

一位讀者來信，信裡頭輕描淡寫、卻驚悚的敘述著每天在家中不知道得上演多少次的親子大戰：「要我那兒子寫字，可能什麼忤逆的話都說得出來。我每次看他寫『讀後心得』兩百字，都是好氣又好笑。他痛恨寫字，寫的字數絕對不會超過老師規定的字數；換言之，只要超過老師規定的字，句點以後全刪除。寫十個字要喇勒半小時，然後再數一次寫了多少字，還會大喇喇的明目張膽的標明『字數』。寫字，真的是親子一個痛苦的過程啊！」

我懂，真的。除了也有不少家長幾近拜託的請我和他們的孩子聊一聊，去年臨時當了一年小六生的代理父母，也讓我深深的感受到：父母親要身兼「教」與「養」的兩種身分，真的是很難為。

因為在親密的居家生活中，很多原本該有的堅持，卻在撒嬌、賴皮，或是不忍心之中，就這麼算了。孩子是聰明的，長久下來他明白父母親的盲點，也因此他總在「明明知道不可以，卻去做」的矛盾中，一次又一次試探父母親的底線。

要報考音樂班的六年級小姪女，入住台中家中已經半年了，這半年來我們一直處於很緊張的關係。因為我是「教過好多屆高年級學生、見過無數次大風大浪」的國小高年級導師，對這孩子我有我的隱憂與期許；而小姪女卻是「一天到晚沉浸在自己異想世界」的小公主。不管是在生活習慣、學習，或是價值觀，我們之間都有很大的差距。

以前的我總認為沒有我教不來的學生，然而對於這孩子，我一直有很深的挫折感，主要是因為我們之間缺乏深厚的情感累積。我們需要對話，需要溝通的管道，但是老是「我問你才答」的單向溝通模式，真的很難產生心靈交流的互動。

上學期即將結束，而寒假即將開始。我突然靈機一動，和小姪女的媽媽通電話，我們兩方面必須達成共識，利用寒假這段時間讓小姪女徹底大改造，也藉機建立我和她之間的溝通管道。於是，我向小姪女說：「我和你媽媽通過電話了，我們一致達成決議，希望你能在寒假期間完成『三項考驗』，來證明你自己的決心。通過了，你才能夠留在台中繼續完成接下來的課業。」

我們其實是希望營造出這樣的危機感來，讓小姪女展現出改變的決心。在溝通了許久後，小姪女終於表示她願意接受三項嚴酷的考驗。

參加戶外生活體驗營

第一項考驗很簡單，就是讓小姪女參加戶外營隊。目的是訓練小姪女能在陌生的團體裡快速結交到新朋友，同時，也在全身弄得髒兮兮的活動中，體會到「有時盡情享受活動的過程，更勝於隨時保持乾淨」的快樂，暫時釋放掉對「髒」的恐懼感。

小姪女「啊」的一聲慘叫，看來她不喜歡這項考驗。但是既然稱之為「考驗」，她只能全力以赴。小姪女的媽媽更是有趣，她為小姪女選擇困難度極高的「戰鬥營」，她笑著說：「既然要參加，就要參加更有效果的營隊呀！」

小姪女幾乎是哭喪著臉去營隊報到，光用想的就讓人頭皮發麻的三天兩夜戰鬥營，正等著她去征服。三天兩夜很快就過去，小姪女也平安的活著回來了。儘管有耳聞她對營隊有小小的抱怨，但也不至於有需要到廟裡收驚的慘狀。

我問小姪女：「戰鬥營好玩嗎？」小姪女馬上回答：「不好玩！」「為什麼？」「因為執星官很那個啊，洗澡又只能洗一下子，還有……」小姪女列舉了十大不喜歡的原因，我邊聽邊笑著。

「那你有沒有交到朋友呢？」我問。

小姪女回答：「有啊，有幾個還不錯的朋友。」

「那就對了！你可能忽略了其實這次的營隊讓你成長不少。你有沒有發現，原來自己可以在很短的時間內就交到新的朋友？而且，你應該也發現到，自己竟然可以洗澡洗那麼快？吃飯那麼迅速？即使全身弄得髒兮兮，也好像沒什麼關係了？」小姪女若有所思的點點頭。這些都是參加營隊前我們對她的期許，而透過這三天兩夜的獨立生活，她似乎也稍微懂了這些道理。

每天做一整套家事

第二項考驗，就是每日必須做一整套家事。既然我們共住一個屋簷下，就要彼此合作、彼此照顧對方的生活起居，這才是一個「家」所應該散發出來的溫暖意涵。

小姪女會做家事，但是我們更希望她能把事情做到圓滿。所以我們擬了一張「好孩子家事表」，家事表上頭列了六套每天可以選擇的家事（見左頁表格）。這些家事，不是算「一件」的，而是算「一套」。例如，倒垃圾不是只倒一個垃圾桶裡的垃圾，而是家中所有垃圾桶都要清理乾淨，並且還要倒資源回收物品，垃圾桶裡要換上乾淨垃圾袋；晾衣服時，要先把晾乾的衣服收下來，摺好衣服，並且將所有衣服放置到衣櫃裡；洗碗盤時必須清洗完所有的碗盤，並且把桌子擦乾淨，才算是大功告成。

這樣的要求乍聽之下很嚴格，其實裡頭隱藏著我們的心意。因為這些都是這段時間內，我們所觀察到小姪女很欠缺的生活能力。我希望有一天小姪女長大後，她能更輕鬆、更有效率的面對自己的獨立生活。

自從家事表開始實施後，小姪女再也不會做家事時只做一半而已。現在，她最喜歡做的家事是她以前最嫌棄的「倒垃圾」，因為只要把家裡所有垃圾打包好、送到大樓的資源回收室就行了。請她協助大人們烹煮晚餐，她也會在一旁幫忙切菜、細心擺放碗盤。呵，這些都是第二項考驗所帶來的額外效益。

好孩子的家事表

每天至少____項，務必在晚上十點前完成，可提前一天做完。

日期	1/4	1/5	1/6
倒____個垃圾桶 倒資源回收 換好所有垃圾袋			
洗完衣服 洗襪子 洗抹布			
晾衣服 摺好所有衣服 衣服歸位			
掃一層樓地 所有東西都要抬起來掃			
拖一層樓地 所有東西都要抬起來拖			
洗所有碗盤 擦完桌子			

每天寫德育日記

小姪女不喜歡寫作，一篇作文總是要歷經幾天痛苦的思考期才能勉強填滿一張稿紙。她的語句通順、流暢，卻少了深層思考與真誠感人的文字。

我習慣和班上孩子用文字來交心，尤其是面對這種滿腦子複雜思緒的高年級女生。很多不方便當面說的或更深層的想法，都可以透過文字來對談。持續寫作一段時間後，孩子會變得比較願意用文字和我們分享心事；而有了這些情感的交集，才能開啟彼此對話的溝通管道。

但是這招對於沒有寫作習慣的小姪女而言，實在有些困難，我也無法要求她主動寫作。所以第三項考驗，就是要讓小姪女每天寫一篇日記。我特別送她一本華麗的日記本，希望藉由這次的考驗，能從此展開小姪女的寫作旅程。小姪女第一週的日記內容，正如我想像中的：句數極少，不帶感情的記錄著每天發生的事。因此我跟她強調並非是寫「心情留言」，而是得依照「觀功念恩」、「善行」、「反省」三個主題來擇一撰寫。

「德育日記」是「福智文教基金會」所推動的寫作運動。所謂的「觀功念恩」是讓孩子去觀察每天其他人為自己做了什麼好事；「善行」則是自己發自內心的去協助他人；「

反省」則是檢視自己當日是否犯了什麼過錯。希望透過這樣的每日寫作習慣，讓自己蛻變成一位更好的孩子。剛開始寫德育日記，小姪女顯得摸不著邊際，她總是花了好大篇幅在敘述故事的經過，直到最後一句才匆匆寫下自己的感想。所以，我會在底下用溫暖的文字和她分享這事件背後更為感人的心意。有時候，我會把寫得很動人的句子標示出來，讓小姪女明白這才是成熟且有智慧的深層想法。

實行約莫一個月後，我發現小姪女開始有了微妙的變化。她從托著腮、苦思半小時，只能寫上四行字；到後來，不到十分鐘就可以寫上半頁；心情好時，更可以寫個兩、三頁。除了字數增加、寫作速度變快，也看到她在文字裡的轉變。做錯事時，她會在日記裡主動「反省」：「今天我讓姑姑浪費了好多時間在幫我買東西，因為我沒有事先告訴她，讓她今天的行程很趕，真的是很對不起她。」畢業前夕，小姪女的畢業感言在沒有人指導下的情況下獲選為全班的代表，刊登在畢業校刊上。雖然她的寫作能力還有很大的進步空間，然而把時間軸拉長來看，還是可以看到令人感動的成長軌跡。

孩子的好習慣養成，需要大人在一旁持續給予打氣與鼓勵，才能內化成像呼吸一樣自然的生活習慣。這三項考驗，是一個改變契機的開始，也是我們對這孩子最深切的期盼與祝福。

18

幼童軍的笑容點醒我的夢

從小，我就是大人口中的那種「乖孩子」。在家裡從不吵不鬧，大人說什麼就是什麼，說一不敢有二，很乖巧的扮演著爸媽心中的稱職好小孩。

從小，我也是老師眼裡的「乖學生」。我表現得不特別突出，也不會闖禍，總是默默躲在同學之中。我很清楚自己不是那種頂聰明的學生，因此很認分的讀書，老師說要考試就認真準備，假日時學校規定要課輔就乖乖去上。我想，一直到畢業時，老師可能還叫不太出我的名字。

聯考考砸，世界碎裂

從小到大的求學階段，回憶模模糊糊的像是一塊失去顏色的老畫布。所謂的青澀年華不過是追了六年的上下學公車，以及總是埋首坐在書桌前咬著筆桿發愁的褪色片段。

其實我不喜歡這樣的我。我可以感受到自己內在澎湃的熱情，與滿腦子天馬行空的想像力，也想要學學那些貪玩的同學偶爾使壞一下，或者玩得很瘋狂、開心的大笑。然而，看到在工廠裡賺取微薄薪水供養一家人的爸媽，我清楚的告訴自己這輩子應該好好讀書，不讀書就完了。

但是這樣的信念，就在大學聯考的第一天完全崩解。數學考試時，我的腦中一片空白，完全無法下筆。考完第一個科目後，我臉色慘白，頹喪的蹲在教室牆角，我知道我搞砸了，全世界碎裂般的瓦解在我的眼前。那一天，我一個人躲在家裡的廁所裡，對著鏡子痛哭了好久。

大學聯考的成績單寄到家中，果然是很慘烈的分數。老爸力勸我填師範院校，將來當老師有份穩定的工作。

「當老師？穩定的工作？」我是如此害羞內向、這麼怕老師的人，壓根沒想過有一天會當老師。而我也害怕這所謂的「穩定工作」，我才不想二、三十年都做同一份工作，到了六十歲還被家長和學生嫌棄是老頑固老師。

歷經一個月的抗爭，最後還是成為師範學院的大一新生。但我的內心始終焦憂不已，好怕自己無法成為一位好老師，也害怕未來這條看似一帆風順的康莊大道不是自己喜歡的，那該怎麼辦？

上山下海釋放自我，初衷乍現

於是，我開始參加大學裡的社團，還選了跟自己個性最不符合的「童軍團」，因為我想釋放內在潛藏的熱情，我想改變那個內向又彆扭的自己。四年下來，在大大小小的活動中上山下海，我學會如何灑脫的在野地裡髒兮兮的露營三天不洗澡；我也可以對著兩、三百人扭腰擺臀帶團康而不怯場。大學四年下來，我遊走在十多個學校社團裡，成為校園裡最活躍的人物之一，恣意又貪婪的找回那段曾經空白的青春歲月。

有一天，當我在帶幼童軍的反哺活動時，看著這些小狼們臉上的笑容，突然想起小時候的我曾經在作文裡很豪氣的寫著：「長大後的我，不需要賺大錢，但我的工作必須要是有意義的、對社會有幫助的才行！」

頓時，我想通了。當老師，正是這樣一份工作。當我認真的教導學生，讓他們的人生變得更好之際，其實也是在做對社會很有幫助的大事業。

於是我放下了困惑，開始虛心的去學習成為一位好老師。四年來參加社團的經驗，讓我成長很多、也學到了很多能力。因此到了教學現場，我馬上可以搖身一變成為孩子們喜愛的老師，口袋裡的法寶總是讓孩子們既眼花撩亂、又深深著迷。但是，我也有困擾。對於那些偏差行為嚴重的孩子，我可以讓他們喜歡我，卻無法改變他們的行為。不寫功課的還是不寫，愛爭吵、愛打架的依然故我，會偷竊的仍是偷個不停，甚至有孩子開始對我怒目相視……。第一年教書，表面上很風光、很有成就感，心裡頭卻感覺糟透了。

直到我去當兵，當了很長時間的一等兵，始終待在被管理的最低階層時，總是有很多「長官」對著我無理的咆哮。突然間，我懂了那些曾對我怒目相視的孩子的心情。那眼神，其實正透露著一種無奈：「我不在乎你，因為你根本就不懂我。」

那一刻，我深刻的體會到：原來要設身處地為對方著想，是多麼困難、又何其重要！退伍後，面對每一位偏差行為嚴重的孩子，我總是希望能讀懂他背後的故事，找出問題成因，用他最需要的方式來協助他。

比起教學生，學生教我更多

也因此，當我看到所教的優秀學生在聯絡簿上寫著：「下課時我不可以和同學一起玩，我怕我會起了玩心……」「為什麼好孩子所做的就會被視為理所當然？我也想多得到一點關愛的眼神……」就能深刻感受到這些乖孩子心裡的傷。我想幫助這些乖孩子早一點走出他們為自己設下的束縛，別讓這些自我質疑困住了一整個人生的快樂。

尤其，面對那些令人感到棘手的孩子，帶他們的兩年雖然辛苦、充滿不少挫折感，然而當孩子有一天打電話來，說自己現在過得很好時，我就會忍不住一陣激動。每遇上一個他們，對我而言就是最好的學習課題；讓我學到了更多的方法、包容，來面對接下來的每位孩子。

前幾天，兩位現在已經是大二的孩子回到學校找我。又高又帥的他們已完全不是小時候功課不太行、一副傻呼呼的模樣。兩位都在白天認真讀書，晚上打工養活自己，並持續的往自身的興趣探索。

教書越久，越覺得人生實在很奇妙，孩子的未來往往不是我們想像的那樣。小時候成績好的孩子，以為他在國中時候玩壞了，沒想到也能考上有名的高中。而也有孩子頂著名校的光環，就業時卻四處碰壁，成天在網路上憤世嫉俗……。我們究竟該用哪一個人生階段來檢視所謂的「成就」呢？其實，沒有人可以給明確的答案。因為人生沒有終點，每個階段都有不同的精采風光。

很多爸媽憂心忡忡的問我：「老師，我的孩子考差了，該怎麼辦？」「我的孩子去讀什麼爛學校，真是氣死我了……」現在的我，都會試著和這些爸媽分享我的想法：我們該用拉得更長遠的眼光，來欣賞孩子每個階段的成長。因為孩子不是我們，他們有著自己的人生旅程要走；他們的人生答案，不是現階段的我們所能給予的。只有在每個用心體驗、專注付出的過程裡，我們才能深刻體會到，這些生命處處為我們彰顯的美好與答案。

19

讓孩子對自己的錯誤負責

當孩子闖禍，先別急著生氣，這代表他有不懂的地方需要被教導。老蘇老師親身示範七個步驟，帶孩子善用機會，從錯中學習。

美好的假日早晨，陽光從窗外灑落，帶來一地的明亮。趁著小蘇姑娘坐在桌前，拿著她心愛的彩色蠟筆開心創作時，我們大人趕緊把握這段空檔時間，進行年前最後的大掃除。

約莫有一世紀那麼安靜，我們突然發覺大事不妙。還未滿三歲的小蘇姑娘像隻大肆破壞的酷斯拉，拿著鉛筆沿著她玩耍的路徑，一路從樓下作畫到樓上了。

其實小蘇姑娘一向很乖，她總是安分的畫在該畫的地方，很少

超過一張紙以外的範圍。對於這次「意外」，我們並不太生氣，畢竟我們能理解她其實是想引起我們的注意。但是我們也想利用這次的機會，讓她知道這樣的行為並不好，並且趁機教會她該如何對自己的行為進行彌補。

嚴正表達大人的立場

「小蘇姑娘，你為什麼拿筆亂畫家裡？」她慈愛的媽咪故作嚴肅的說著。

小蘇姑娘不講話，她知道闖禍了。

「這是什麼時候畫的？」媽咪問。

小蘇姑娘還是不願意說話，嘴巴翹得高高的。接著她轉身就想逃走，因為她的手上還握著「犯案」的鉛筆和原子筆。

「哪一隻手畫的？我來打一下。」媽咪在小蘇姑娘的右手上，作勢輕輕的打了一下。

「這樣亂畫可以嗎？」媽咪又問。

「不……可……以……」知道自己闖禍了的小蘇姑娘，不情願的吐出這幾個字。

立場一致不偏頗

我也加入戰局：「以前你都很乖，只會畫在自己的紙上，這次為什麼會畫在牆上呢？你看，這樣牆壁變得很醜耶！」

我帶她到她剛才亂畫的地方，看著自己的傑作。小蘇姑娘抿著嘴，一臉委屈的模樣。

教孩子面對自己的錯誤

「現在應該要說什麼？」媽咪問。

「對……不……起……」小蘇姑娘小聲的說著。

我也問：「要跟誰『對不起』？」

「爸……爸……對……不……起……」

「不對，應該跟牆壁說『對不起』，你看它變得好醜哦！」我說。

「牆……壁……對……不……起……」小蘇姑娘一邊啜泣一邊說著。

我再補上一槍：「還有門也被畫了，也要跟它說『對不起』。」

小蘇姑娘又走到門旁邊，語帶哽咽的說了聲：「門……對……不……起……」眼眶邊還掛著一滴淚。

來一個愛的呼呼

媽咪對著小蘇姑娘溫柔的說：「對，這樣才對，做錯事要勇於認錯，才是我們的乖女兒哦。」

「來，給媽咪抱一下吧！」於是，這對母女在被畫得亂七八糟的樓梯旁邊相擁而泣，上演一齣比宮廷大戲還更加灑狗血的親情倫理大悲劇。

爲孩子做正確的示範

「不過，你要對自己的錯誤負責，拿橡皮擦把這些亂畫的地方擦乾淨才行，」媽咪堅持的說。接著，媽咪拿起橡皮擦在小蘇姑娘的面前示範一次如何把牆上的筆跡擦掉，也拉著小蘇姑娘的小手，親自帶著她擦過一遍。

對自己的錯誤進行彌補

未滿三歲的小蘇姑娘真的拿起橡皮擦，開始擦著她剛才亂畫的地方。小手笨拙的握著橡皮擦奮力的擦拭，直到樓梯的左邊牆壁被擦乾淨了為止。

「哇，你好棒哦，擦得真乾淨。右邊的牆壁也要擦乾淨哦！」做事就要把事情整套做完，這是我們夫妻倆對孩子很溫柔的堅持。

小蘇姑娘也很努力的擦拭著右邊的牆壁。右邊的牆壁被畫的範圍較大，但

她不含糊，不斷的起立、蹲下，由上而下很細心的擦拭著牆壁。沒擦乾淨的地方，媽咪也牽著小蘇姑娘的小手一起再把細微處仔細處理完。

真誠的讚美與鼓勵

最後、最後，所有地方全都擦乾淨了。媽咪擁抱著小蘇姑娘，親吻著說：「我的乖女兒，你把所有地方都擦乾淨了，你真的好棒，我好愛你哦！」小蘇姑娘此時終於破涕為笑，在她媽咪懷裡露出一抹燦爛的笑容。

眼前這一幕實在是太感人，嗚嗚嗚，當爸的我在一旁看得都快要噴淚了。事情有了圓滿的結果，真好！

處理善後，大人絕不代勞

這件事讓我想起，前幾天在雲林老家也發生類似事情。就讀幼稚園中班的小姪子，為了要拿東西打翻桌上的飲料，整個地上被潑灑得又溼又黏。

每位大人都忙著處理善後，桌上、身上、地上……擦個不停。但是，小姪子人呢？我起身去找他，發現他一個人躲在和室裡，一臉做錯事、都快哭了的表情。我對他說：「做錯事後，怎麼可以自己躲起來哭呢？大家都知道你不是故意的，趕快把事情處理好，就不會有人再罵你了。快出來，一起把地上拖乾淨吧！」

小姪子跟著我出來，我去找了一支拖把，幫他弄溼、擰乾，接著交給他。小姪子從來沒有拿過拖把拖地，不過他還是很認真的把地上都拖過一遍。

「還有這裡沒有拖到……桌下呀……還有這張椅子呀，都要用拖把伸到底下仔細拖一遍。」我一邊教他，也一邊示範給他看，而小姪子也很配合的照著做。

我稱讚的說：「很棒，你好認真，這樣很好！你看這樣把錯誤彌補好，才是好孩子！」

小姪子擠出一臉尷尬的笑容。我又說：「不過地上現在很溼，所以我們還要用乾拖把再把地上拖乾才行。」我又去拿了乾的拖把，交給小姪子。這時，我家老媽走出廚房，問清楚發生什麼事後，馬上把小姪子數落一頓：「你哦，每次拿東西都不小心一點。」接著又說：「唉喲，這拖把這麼大支他根本拿不動，我來拖啦！」

老媽作勢將拖把拿走，我阻止她說：「不可以！不可以把孩子該做的事情全搶去做，要讓他有學習處理犯錯的機會。」所以，全家人就這麼看著身材矮小的小姪子拿著比他還高的拖把，來來回回、一次又一次的把地板擦乾了。

「好棒，你真的好厲害！」我稱讚的說著。接著又說：「以後做錯事情也要這樣，不可以躲起來，而是要去面對它哦！」

小姪子點點頭，開心的和全家人坐在沙發上看著他心愛的卡通、吃著他最愛的零食了。

怒罵與體罰，加深逃避心態

每一次帶班，遇上新一屆的高年級孩子時總會發現：大多數孩子在犯錯的當下，常以避重就輕、說謊，來逃避自己犯的錯誤；而我得花上好大的力氣，才能讓他們願意放下固執的自我，老老實實的面對錯誤、誠誠懇懇的負起該彌補的責任。

班上也有家長時常向我求救：「老師，我實在不知道該怎麼辦才好！我的孩子明明知道我已經清楚事情的經過了，還是會當著我的面說謊，我真是灰心極了。」但我也知道，當這孩子犯錯時，她的媽媽會惡狠狠的怒罵孩子或拿起藤條毒打孩子，卻始終沒留機會讓孩子對自己犯下的錯誤進行補救。

所以，這孩子每回在學校發生事情，還是只會用歇斯底里的嚎啕大哭來逃避責罰，心智年齡一點也不像五年級的學生；但是作弊、說謊、湮滅證據……這些明知故犯的錯事，仍然一而再、再而三的出現。

孩子面對錯誤的逃避心態，不是一天就會養成；這是長久以來，因為大人所看不清楚的盲點所造成的。於是當我成為新手父母時，我們夫妻有著共同的默契：我們會更留意這些和孩子相處的細節，並且善用每一次事件的機緣，讓它成為我們親子之間最好的教材。

當孩子還小時，好習慣與態度容易養成；一旦孩子年紀越長，而逃避犯錯成為一種習性後，要改變就越顯困難。教養孩子有所謂「黃金教養期」，錯過就十分可惜。當孩子犯錯時，先別急著生氣，這代表孩子有不懂的地方需要我們教導；也千萬別急著出手幫他們收拾善後。請先把自己的智慧呼喚回來，此時，我們的心裡應該要有滿滿的「想要教懂孩子正確處理事情」的心意才是。

20

留給孩子童年的歡笑聲

因為怕孩子跟不上，父母總想用補習、寫測驗卷來幫助孩子，但讀書如果因為高壓變得無趣又痛苦，孩子的創造力要怎麼發芽？

老婆大人剛帶完兒童合唱團回來，和我分享今天發生的事：一群媽媽們在下課時間聚在一起，吱吱喳喳的討論著孩子的補習問題。一位媽媽說：「沒辦法，大家都在談要不要讓孩子去讀私校，害我聽了也跟著焦慮起來。我在思考需不需要送孩子去補習班加強一下？」

這就是「天下父母心」，永遠會擔心自己的孩子會不會輸在起跑點上，也始終希望自己能為孩子找到最好的安排。

另一位媽媽也說：「我真的有帶孩子去過這種補習班，我問老師：『會不會為他們額外準備考試的練習卷？』老師說：『會哦，每個孩子都會有三本練習卷。』我就說：『哦，總共三本嗎？』結果老師說：『不不不，是每個科目都三本練習卷。』嚇得我馬上就轉身把孩子帶走。」

這其實不誇張，很多的家長都有「精熟練習後成績就會變好」的迷思，於是常將這種壓力轉移給學校老師或補習班老師身上。所以，現在的孩子，功課會寫到三更半夜是常有的事。不過想來也覺得殘忍，我們這些做大人的，怎麼把「讀書」這件事變成這麼無趣又痛苦呢？

老婆大人力勸這群憂心的媽媽們：「這群孩子雖然在學校裡的功課不是最頂尖，但每一位都相當有創造力，每一位都有自己獨特的想法。有的孩子在音樂方面有天分，有的孩子熱愛語文閱讀，也有孩子因長期閱讀外文書籍英語能力好得嚇嚇叫。這些學習長久累積下來，對他們都會是一輩子受用的能力。您們要相信自己的孩子，將來的他們絕對比別的孩子還要更加亮眼。」

需要的是體諒、支持、陪伴

這件事，讓我想起前一陣子剛好巧遇一位教授，和她午餐中閒聊到她對兩個兒子的教養學。這位教授說：「我的兩位兒子資質和個性不太一樣，老大聰明又資優，讀書一路順利，輕鬆考上知名大學。老二書讀不來，國中時成績一直是班上墊底。我們從來不苛責他，也不拿他和哥哥比較，因為我們知道他需要花更多的時間去思考、去整合成自己的理解。他想做的事情我們都會儘量支持，想讀書的時候，我們也會耐心的陪著他。」

「過了國中風暴期後，他突然開竅了，一分又一分、一個名次又一個名次慢慢往上追。

現在他在念數學系，還會幫我跑統計，給我研究上的建議。」

「孩子小的時候，我最常做的事情不是逼著他們讀書，而是坐在旁邊，看他們兩兄弟一起玩。小孩子真的好有趣，他們可以玩出無限的創意出來。一個紙箱、一個小機械，都可以引發他們強烈的好奇心與想像力出來。」

「現在的孩子最大的問題，就是他們花了太多時間在補習、在寫測驗卷上頭，卻連自己思考的時間都沒有。我的兩位孩子跟我說，他們最懷念、也最感謝的，就是小時候那段野外玩探索、動手玩科學的時光。而他們現在也正朝著這樣的人生目標邁進。」

真是一場好棒的人生實驗！這位教授和她的孩子為我們證明了：毋需過度的為孩子操之過急；他們最需要的，其實是體諒、支持與陪伴。

真的要花這麼多時間讀書嗎？

的確，現在的孩子真是花了太多時間在補習和寫評量上。每天，除了在學校上完七節課、放學後還得窩在安親班寫兩小時評量、回家後再寫學校功課寫到半夜。我們得試問：讓孩子投注了這麼多時間在讀書上，這樣的學習方式真的是有效率嗎？而和我們自己的成長經驗做比較，孩子的童年是不是有什麼重要的東西就在不知不覺中被遺漏了？

還記得我小時候，每天從放學後到吃晚飯前，是一天當中最快樂、也最令人期待的時間。家門前的巷子口，是我們遊戲大戰的戰場，我們總是玩些自己胡亂發明的遊戲，例如在地上畫個「田」字，就是緊張刺激的鬼抓人；在巷弄間纏繞一些絲線，再喊聲「殺」的衝過去，就是很勇猛的「勇闖蜘蛛陣」；沒玩具玩時，竹筷、鐵桶、紙箱都能化身成保衛宇宙的萬能機器人；或是大家各做幾個布偶、拉起長長的被單，就能夠演一齣驚動武林的布袋戲。

小時候每天在巷弄間玩遊戲的歡樂時光，一直是我至今難忘的美好回憶。如果說，我至今仍保有一份赤子之心，正是因為童年的歡笑聲還一直迴盪在耳邊，深遠的影響著我。

前兩年帶著班上的孩子去自助旅行，孩子們費了好大的力氣才把自己帶到鹿港小鎮。孩子們最感興趣的景點，不是人潮川流不息的攤販大街，而是一所小學裡的遊樂場。身為都市小孩的他們，在從來沒玩過的舊式翹翹板、盪鞦韆上，開心尖叫。在玩的過程中，他們開始研究起翹翹板的「槓桿原理」，分析著究竟哪裡是「施力臂」、哪裡是「抗力臂」？要如何坐，才能讓瘦弱的女生把對面的小胖震飛到天上去？而老師教的「鐘擺原理」，究竟是如何讓鞦韆盪得又高又快呢？

坐在一旁拍照的我，一方面讚嘆孩子們怎麼這麼有科學探究的精神，一方面卻也感嘆現代孩子真的很可憐。他們的生長過程被過度的制式與簡化，所以連這種簡單的快樂都未曾體會過，更缺乏了將課本內所學的知識進行理解、轉化成生活知識的機會。

帶孩子玩出學習力

當然，讓孩子「玩」，不是放任他們無所謂的玩，在孩子玩的情境中可以有我們大人的巧思在。先把電腦、平板電腦和手機給收起來吧！在那些聲光刺激中，只會窄化孩子的學習，欠缺讓孩子展現創造力的機會。

其次，布置一個學習資源充足的環境，引發孩子玩的動機，再加上一點點空白學習時間，孩子的旺盛學習力就在不知不覺中被「玩」了出來。

在上到「巧妙的施力工具」這單元時，我會刻意多放一些實驗教具在各組桌上。每節課我都會發現，只要學生剛進教室、而我還沒開始上課前，各班孩子們都會不約而同的開始玩起桌上的實驗用具。他們會主動把所有的齒輪組在一起，看看會不會轉動；或是拿起彈簧秤和一大堆滑輪，著手研究著平衡的問題。

或者在下課時間，捨不得離開教室的孩子們開始玩起槓桿與砝碼，他們把所有的砝碼全都掛上去，驚訝的發現：原來兩側只要重量乘於力臂的總和是一樣的，掛再多組的砝碼都能保持平衡。這些其實都是在下一節課才要讓他們操作的步驟，但是他們在玩的過程中，自己就把這些科學原理玩了出來。

別讓孩子一個人守著電視

同伴的互動與支持也十分重要，兩個人就有兩個人的玩法，三個人就有三個人的智慧。孩子的學習很難獨自完成，需要透過同儕的互動，學習才有加乘的效果。

只是，現代社會的多數家庭都生活在高樓大廈裡，大樓中庭裡的遊戲空間過於狹窄、回音又大，爸媽們希望孩子一回家就待在家裡，使得現代不少孩子常是孤單一人在家守著電視。其實，爸爸媽媽們可以邀請鄰居或朋友的孩子一起來家裡玩，或是組成共學組織輪流到不同家庭裡進行體驗活動，或是讓孩子多參觀科博館、圖書館、美術館等公立機關所舉辦的展覽，和不同孩子進行更多元的互動與學習。

在和其他同伴的互動中，孩子會時而專注、時而歡笑；時而一起共同創造、時而一起發出讚嘆；有時，他們彼此之間會有小小的較勁、卻又能一起共享喜悅……。這些與人互動的歷程十分美妙且珍貴，表面上看似在玩，其實裡頭大有學問在。別從小就把孩子訓練成讀書的機器，我們應該要留給他們更多時間，讓他們可以把所學的知識進行統整與轉化。只要我們細心規劃，孩子從玩的過程中也可以收穫滿滿，玩出強大的學習力來。

原來，
只要多一點想像，
我們就可以為孩子創造出一個個充滿驚喜的學習感動。
讓我們一起努力，
為孩子純真的童年留下美好的印記。

國家圖書館出版品預行編目 (CIP) 資料

親師 SOS：寫給父母、老師的 20 個教養創新
提案 / 蘇明進著 .
-- 第一版 . -- 臺北市 : 天下雜誌 , 2013.07
面；　公分 . -- (學習與教育系列 ; 136)
ISBN 978-986-241-737-9 (平裝)
1. 家庭與學校 2. 親師關係 3. 文集
521.55　　　　　　102011801

照片來源
p2,p3,p4,p5,p18,p50,p216,p217,p218,p219,p220
p221 ｜何紹齊攝

學習與教育系列 136

親師 SOS

寫給父母、老師的 20 個教養創新提案

作　　者｜蘇明進

責任編輯｜王慧雲
美術設計｜nicaslife
行銷企劃｜何紹齊

發行人｜殷允芃
創辦人兼執行長｜何琦瑜
副總經理｜游玉雪
副總監｜李佩芬
主編｜盧宜穗
資深編輯｜游筱玲
版權專員｜何晨瑋

出版者｜親子天下股份有限公司
地址｜台北市 104 建國北路一段 96 號 11 樓
電話｜（02）2509-2800　傳真｜（02）2509-2462
網址｜www.parenting.com.tw
讀者服務專線｜（02）2662-0332　週一～週五：09:00~17:30
讀者服務傳真｜（02）2662-6048
客服信箱｜bill@service.cw.com.tw
法律顧問｜瀛睿兩岸暨創新顧問公司
總經銷｜大和圖書有限公司　電話：（02）8990-2588

出版日期｜2013 年 7 月第一版第一次印行
　　　　　2018 年 8 月第一版第九次印行
定　　價｜300 元
書　　號｜BCCE0136P
ISBN｜978-986-241-737-9（平裝）

訂購服務
親子天下 Shopping｜shopping.parenting.com.tw
海外 · 大量訂購｜parenting@service.cw.com.tw
書香花園｜台北市建國北路二段 6 巷 11 號　電話（02）2506-1635
劃撥帳號｜50331356 親子天下股份有限公司

親子天下 Education · Parenting Family Lifestyle
www.parenting.com.tw